企鹅人生
PENGUIN LIVES

查尔斯·狄更斯

〔美〕简·斯迈利 著

石少欣 译

Charles Dickens

生活·讀書·新知 三联书店

目 录

前 言	1
第一章	1
第二章	29
第三章	79
第四章	113
第五章	163
第六章	205
后 记	255
延伸阅读	258

前 言

在历史的长河中,能够证明查尔斯·狄更斯(Charles Dickens)的文学感受力的材料或许是最充裕的。他不但写了十五部小说(其中有十部长达八百页或更多),而且写了许多故事、评论、游记、随笔、信件、编辑札记和剧本。他的亲友、仆从、熟人、作家同行与素不相识的人共同见证了他的文学生涯,纷纷在书评、论文、日记、信件、传记、回忆录中提到他。他永无间歇地反观自己,有时满怀同情,有时则冷眼相看。总之,他魅力无穷,是一个真正的名人(可能还是现代意义上第一个真正的名人),一个社会奇才,在同侪中特立独行,却又能代表他们,这一点他们都明白。在英国作家当中,就民众声望、在世界文学领域取得的成就以及骨子里的英国特征而言,能与狄更斯比肩的只有一位,那就是莎士比亚。两位巨擘在某些方面很相似。他们都用一种异乎寻常的方式栖息于想象的风景中,笔下涌现出大量形形色色、活灵活现的人物,似乎不是单独一个人的大脑能想出的。当时正是英国人的生活最有趣也最精彩的时期,两人都描写了英国人的生活,都曾在伦敦——英式生活的中心地区大放光芒,然而他们却都精于唤起人们对英国田园风光的回忆。他们还有一个共同点,即几乎一直保持着神秘感:在某种程度上,人们除了熟悉莎翁的戏剧,对他本人几乎一无所知;而人们了解到的关于狄更斯的一切,却让他更加难以理解。

狄更斯的传记很多,篇幅长短不一。在他去世之后不久,他一生的挚友约翰·福斯特(John Foster)出版了第一部颇具权威的狄更斯传记。最近的传记是彼得·阿克罗伊德(Peter Ackroyd)所著,1990年出版,有一千多页。因此本书不欲按年代顺序罗列我们逐渐了解到的狄更斯的生平事迹,这是大约一百三十年的时间里,学者们和痴迷狄更斯的人们的功劳,他们从世界各地(尽管多数是满怀敬意从英格兰获得)孜孜不倦地发掘出有关他的材料。我们了解的狄更斯与他的同代人所熟悉的狄更斯肯定不同。一方面,狄更斯起初并未详细讲述过他痛苦的童年经历,就连对自己的孩子也守口如瓶,直到写《大卫·科波菲尔》(David Copperfield)的时候,才选择重温之前他自己也不曾触碰的往事,而对其他事他也同样讳莫如深。与其按年代顺序讲述他的经历,我更愿意尝试按当时读者、他的亲友、来往密切的人以及他本人眼中的自己来回忆他,只在他的作品中有意提到之处补充相应的背景资料。这样做的目的是为了避免那种枯燥冗长却颇为自得的错觉,评论家和传记作家有时会声称他们对于研究对象所知之详已远超其本人,此时这种错觉就会出现。他们常常把作家和艺术家描写成自己作品的搬运工,像病菌的载体一样,在无意之中把作品传递给全世界,无规划无意图地把自己的想法暴露出来。就我本人的感受,作为作家的体验和作为读者的大不相同。写作是一种艺术行为,也是道德手段,在这方面作者要按照他的理解做出选择,这些选择富含作者所领悟的暗示和启迪。我们从狄更斯的编辑工作中知道,他对于如何写作这件事有着无比精妙的感悟——关于什么能动人心弦以及为何能打动人心,如何平衡艺术性和商业性,如何制造艺术效果,还有,在作品中、在严肃小说的社会功能方面以及狄更斯转而注意的其他文学形式中,如何满足道德感、美感和真理三者相抵触从而对创作提出的要求。狄更斯还非常清楚他对周围的人产生的影响，并且善于加以利用。表演从始至终都是他伟大的副业，他像写书编杂志一样努力表现他的作品和他这个人。

另外，我差不多会对狄更斯所有的重要作品都进行诠释。关于狄更斯最有意思的事情之一是，他的写作风格和对社会主题的兴趣贯穿了他的整个写作生涯，但他的视角却在发展变化。比如，在以圣诞节为主题的书中，他对资本主义带来的困境提出的哲学解决思路，已不同于19世纪50年代他在重要小说《荒凉山庄》(*Bleak House*)和《小杜丽》(*Little Dorrit*)中提供的方法。狄更斯一心一意、按部就班地忙于处理当时的社会和经济问题。他热切地为一些实际问题寻求解决之道，诸如公共卫生、救济穷人和破除无知等。他还思索死亡、罪恶、残忍、天真、舒适、愉悦、幸福和救赎。他的才智源源不断，对于他，文字是永恒的快乐。他的小说塑造了他的生活，他的生活也塑造了他的小说。就像小说有些部分评论了他的生活，他的有些行为也源于写小说给他的感情和思想所带来的特别的状态。对一位小说家来说，作品不是产品而是体验。时光荏苒，读者距离他的生活细节越来越远，但在阅读他的著作时，又恍若就在他面前，读者体验他的想象和思想的历程，体验从刚萌发的想法中沉淀出特定的措辞这个历程。我认为这就是文学的神奇，穿越十年百年，远隔千里万里，思想仍可以交流，可以默想相同的形象。狄更斯是如此纯粹的小说家，不走进他的全部小说，根本不可能了解他。

所以，不要为了找出他自相矛盾的错误和自我认识的不足，带着敌意接近这个人，请用一种友好的意愿来逐渐了解他，才可能达到维多利亚时期的人们所谓的"日渐亲密"的境地。

第一章

狄更斯是一位公众人物，也是一位非常有名的人。二十出头的时候，他就已经具备了这两个稍有不同的身份。1833年12月，他在《月刊杂志》(*Monthly Magazine*)发表了第一部短篇小说《白杨道上的晚餐》(*A Dinner at Poplar Walk*)。他出生于1812年2月7日，当时年仅二十一岁。因为从事议会速记员的工作（他自学了速记，能够将发言逐字记录下来），在印刷物上看见自己的名字已是司空见惯的事，然而他后来提起这件事时说："我走向威斯敏斯特大厅，进去待了半个小时。因为欢喜和自豪，我泪眼模糊，看不清大街上的东西，也不适宜在街上让人看到。"接下来的几个月，他在诸多月刊和周刊杂志上持续发表的短篇作品，引起了广泛关注。到1836年2月和12月《博兹札记》(*Sketches by Boz*)合订本上市的时候，这些作品都受到了好评。大家（包括狄更斯在内）都认为该书最值得称道的是视角广阔，特别是这些文章描写了形形色色的社会人物，描绘了各种各样的场景，这在英国文学中应是首屈一指的。一位书评人称其"完美地描绘了英国社会大多数人的道德情操、言谈举止和生活习惯"。

年仅二十四岁时，狄更斯发现自己在作家群中已经颇具优势——查普曼-霍尔（Chapman and Hall）公司即将出版一套体现运动风尚的连环漫画，邀请他为图配文，报酬是每月十四英镑（具体相当于现在多少美元已不可知，或许是狄更斯时代的收入乘以三十五，约五百美元）。最初设想是由已成名的漫画家罗伯特·西摩（Robert Seymour）构思故事情节并主导这次合作。不过这种状况只持续了两个月，在西摩自杀以后就中断了。就在这么短的时间里，狄更斯已然下定决心要主导这个项目。到雇用另一位漫画家哈布洛特·布朗（Hablot Browne）的时候，狄更斯的地位得到了提升，文字的比重大大超过了漫画，他开始倾注全力进行《匹克威克外传》(*The Pickwick Papers*)的文本写作，而这部作品注定会成为出版界的一个奇迹。

1836年3月到1837年11月之间，《匹克威克外传》出版，从那时起，狄更斯便一直是人们津津乐道的人物，直到他生命的最后一刻，因此应该看一看他首次迈进成功门槛时的样子。熟人和朋友首先会提到他活跃的表现、迷人的魅力、英俊的容貌和花哨的衣着。尽管个子不高，甚至可以说身形瘦小，狄更斯却总是将腰板挺得笔直，他的朋友，也是他后来的传记作家约翰·福斯特曾经回忆说:"那种迅捷、敏锐、务实的力量,那种热切、不安分、充满激情的看法……阳光闪烁,他的手势晃动在每一个角落。"福斯特明确指出"习以为常、无拘无束、无法抗拒"的幽默是狄更斯的本性。无论是工作、游戏、锻炼、业余演艺项目、慈善组织,还是别的什么事情,凡是他参与的,认识他的人们都会对他的社会活动能力发出惊叹。他跟人很合得来,喜欢所有社交娱乐活动。后来他自己也承认,在那段时间,他晚上都要去看戏,有时候一星期去七晚,不只是去科文特花园(Covent Garden)和德鲁里巷(Drury Lane)看最像样的演出[①],连庆典仪式、露天剧场等五花八门的演出他都去。他本人擅长诗朗诵、歌唱和表演,经常受到各地邀请,尤其是受邀参与当时林林总总的社会活动——各种聚会或者家宴,在市里同一群一群的男性朋友度过一个又一个夜晚,吃吃喝喝,乘兴夜游,即兴演讲。就这样,观察家们渐渐发现他的举止有一种神秘的魅力。与其魅力相当的,是他的精明,他经常让人觉得自己被彻头彻尾地"扫描"了一番。当然现存画像与照片已经不能反映当时人们所熟悉的那个

[①] 科文特花园和德鲁里巷均为当时伦敦有名的戏院区。——编者注

狄更斯的情况，尤其是他早年的时候，由于各种技术方面的原因，无论绘画还是拍照，脸上都没有一丝笑容。所以，21世纪的人能够"看到"的狄更斯，不过是他当时展现给外界的片麟只甲，记得这一点，尤为重要。

《匹克威克外传》在出版第一期时卖出不到五百册，第四期卖出四千册，第十一期卖出一万四千册，最后几期销出约四万册。合订本出版后，销售量极大，达到了狄更斯生前逝后的顶峰。到1878年为止，该书的各种版本已经售出一百六十万册。

文学上的努力获得的成功也让狄更斯的个人生活前进了一步。1836年4月2日，他迎娶了凯瑟琳·霍格思（Cathcrinc Hogarth）。她是乔治·霍格思（George Hogarth）的女儿，九个孩子中的老大。乔治是新创刊的《纪事晚报》（*Evening Chronicle*）的编辑，狄更斯曾给这家刊物供稿二十多篇。霍格思一家是苏格兰人，在当记者之前，乔治在爱丁堡做律师，是狄更斯非常钦佩的作家沃尔特·司各特（Walter Scott）的密友兼法律顾问。这家人活泼聪明，乔治本人是颇有成就的音乐家，曾为《纪事晨报》（*Morning Chronicle*）撰写过音乐评论，狄更斯也曾为这份报纸供稿。

二十四岁的狄更斯欣然接受了霍格思一家,这家人也接受了他。他们与文化人的交往,他们的生气勃勃和卓越天资都打动了狄更斯,尤其是从事音乐的那几位,让身为演员并且能够熟练演唱流行歌曲的狄更斯颇为倾心。无论对乔治还是对霍格思夫人,他都满怀爱意。对他而言,仿佛已经找到了一个能够将他追求卓越的热望完美地反映出来的家庭:一个勤勤恳恳、情趣高雅的中产之家。在此之前,狄更斯曾有过一次失败的恋爱经历,那姑娘名叫玛丽亚·比德内尔(Maria Beadnell),是一位银行家的千金。狄更斯苦苦追求了她四年,最后在1833年5月还是遭到了拒绝(或者是与女方的联系突然中断使关系破裂——具体情况不详)。

凯瑟琳年方二十,温柔娴静,与玛丽亚截然不同。从狄更斯给她的信件可以看出,他对她颇有好感,但不是饱含激情,他用心地讨好她追求她,也认真地指导她塑造她。他急于扮演那种当时为大众接受的维多利亚式的家长角色。他也非常喜爱凯瑟琳的小妹妹玛丽,跟她关系十分亲密,而玛丽后来就和这对年轻夫妇生活在一起。同霍格思一家的联姻和来往,恰恰表明了狄更斯当时的自我定位,也揭示了他对家庭生活的期许:温馨愉快，忙忙碌碌，儿女绕膝，高朋满座，生活宽裕，那些精力充沛、举止优雅、脑子里充满奇思妙想的人都能聚集一堂，彼此欣赏，相互激发灵感。查尔斯、凯瑟琳和小玛丽三个人组成的家庭似乎符合了上述所有标准。对狄更斯而言，那是家庭生活最幸福的时光。温柔和蔼又有点慢性子的凯瑟琳是十足的贤妻良母，而比较利索的玛丽聪慧纯真，是另一种女伴类型。

到二十四岁的时候，狄更斯已经持续工作了九年。他对每一份工作都饱含激情，并且用一种糅合了源源不断的热情、智慧、想象、魅力和专注的力量，几乎把他着手的每件事都做得有模有样。只有在演戏上的一腔热情遇了点磕绊：在作为专业演员试演的当天，他因为着凉病倒了。无疑，出书这行当以及《匹克威克外传》的巨大成功奠定了他事业的基础。但也绝不能说他在演戏上面"跌了跟头"——他一而再再而三地返回舞台，在业余剧团和其他场合演戏，还经常得到业界很高的评价。还有，就在这一时期，他结交了维多利亚时期最伟大的演员之一——威廉·查尔斯·麦克雷迪（William Charles Macready）。此人为恢复莎士比亚的戏剧原貌贡献良多——在 18 世纪，莎剧往往被改得一塌糊涂。

狄更斯最重要的朋友当属约翰·福斯特,他同狄更斯一样,也是自学成才,靠文学致富,而且雄心勃勃。狄更斯的余生,无论在个人生活、文学艺术方面,还是在公共事务方面,都与福斯特有着千丝万缕的联系。福斯特为狄更斯处理了不少财务上的事,在许多项目上也是他艺术和编辑方面的顾问,并最终撰写了第一部,从某种程度上说也是最为详尽的一部狄更斯传记。狄更斯还有许多朋友,大多是艺术家、作家或者是有艺术情趣的公众人物。

狄更斯的家庭和霍格思一家很像,只是比较落魄。约翰·狄更斯(John Dickens)是一位多才的新闻记者,性情恬淡温和,有几分魅力。伊丽莎白·狄更斯(Elizabeth Dickens)也是如此,据说她活泼迷人。但是老狄更斯夫妇不善经营,典型的迹象就是隔三岔五地搬家,以致狄更斯无论对他们夫妇俩还是对单个人,至少在态度上是极为复杂的,甚至跟他一贯乐善好施的品性有点相悖。他成家立业的最初几年,还要忍受父母兄弟不负责任的表现和无理纠缠的折磨。等到成功了,也结了婚,他才从与家人共住的生活中抽身(那段生活他鲜有提及),却不能轻易摆脱和这些亲属的联系。他试图给他们找工作,觅住所(有时离得有点远),尽量和他们保持一步开外的距离。他还一再帮他们解决财务上的麻烦。这种事的确在他父亲身上发生过,而他在写给友人的信里也常常流露出对父母的强烈不满。不过有十五个月之久,查尔斯·狄更斯似乎在各方面都受到命运的偏爱——他忙碌,富有,人缘好,而且很快就明白了名誉、金钱、影响力和艺术独立性这四者是怎样的密不可分,几乎同时他也下定决心要通过艰苦劳作、积极的商业往来和自我提升来维护这种关系,当然,这些都离不开天分。

1837年1月2日,凯瑟琳生下了小查尔斯。4月,夫妇俩离开他们原来的房子搬到另外的居所。5月7日,在病了短短几天之后,十七岁的玛丽·霍格思骤然而逝,死在了狄更斯的怀抱里,而狄更斯因为她的离世情绪低沉,不得不推迟正在进行的《匹克威克外传》的收尾工作。终其一生他手上都戴着玛丽的一枚戒指,并保存了她的一绺头发和她穿过的衣服。五年以后,她的一个兄弟去世,要葬在她的墓旁,这时狄更斯写道:"一想到不能和她埋在一处"就好像"又一次失去了她"。接下来三十年的岁月中,他频频想起她,并且认为她的精神对他影响巨大,难以言表。据说受她的激发,狄更斯创作了几位类型相同的女性角色,《大卫·科波菲尔》中的阿格尼丝(Agnes)就是其中一例。她道德高尚、性情温顺、单纯沉静,完美到不应该在人间出现的地步。凯瑟琳永远不能取代玛丽的地位,或者说,仅仅凯瑟琳一人并不能填补狄更斯需要的两种角色的空白,这空白要由他一生当中所遭逢的女人们去填补。

* * *

《匹克威克外传》对当今的读者而言,已经不是一本抢手的书。而在当时,这类连载的旅行冒险故事却大受欢迎,其吸引力很大程度上在于随文的配图。这部"小说"具备18世纪名著,比如狄更斯很赞赏的两部作品《汤姆·琼斯》(*Tom Jones*)和《项狄传》(*Tristram Shandy*)共有的特点:结构松散,情节枝蔓。那时他还没有形成自己独特的社会视角,对于社会较为黑暗、令人较为愤懑之处尤其如此。他的写作风格尽管已经很鲜明,却还没有后期作品中用笔凝练又感情饱满的讽刺力量。他的笔触确实已经十分丰满,读者一眼便能看出他驾轻就熟地刻画那些独特又有趣的角色的功力。早期的样板是阿尔弗雷德·金格尔（Alfred Jingle），他参加了匹克威克的朋友俱乐部，起先看起来像个十足的好心人。他别具一格的说话方式，就是让驴唇不对马嘴的虚言浮词一个一个往外蹦。"太棒了——妙啊，肯特郡，先生——谁都知道肯特郡——苹果、樱桃、啤酒花，还有女人。来一杯吧，先生。"两三分钟之后："'劳驾，先生，'陌生人说，'瓶子立着——轮一圈儿——像太阳那样——穿过扣眼——别留鞋底儿。'"他表面的和善与社交手腕蒙蔽了匹克威克一家人，直到他要和主人的姐姐私奔才被看穿。这家伙被律师救出来以后，才有板有眼地说起人话来。律师暗示："五十英镑不是个小数。像您这样的人应该会让它立马翻上三番。用五十英镑可以办好多事呢，亲爱的先生。"金格尔马上"冷冷地"回应道："一百五十镑用处更大。"金格尔的表达方式本身就很滑稽，一半是由于节奏上的机械重复，一半是由于出人意料的前言不搭后语。向正常说话方式的转换刻画出金格尔的表里不一，这绝对是狄更斯的匠心独具：随着每一次对话展开，金格尔传递给读者的信息，以及狄更斯借由金格尔传递的信息，都丰富了人物的内涵和层次，并且语言简练，妙趣横生。金格尔的风格与叙事者的风格形成了反差，而匹克威克式东拉西扯的叙述方式则丰富了小说的层次。

狄更斯这一生都表现出异乎寻常的模仿才能,他能学各种各样的声音说话,恍若周围所有的人都能经他之口而发出声来。这是他后天练就的本事,但连他自己也为之惊奇。他对福斯特说,是人物角色来到他的身边,借他的嘴巴说话。我们这个时代最好的喜剧小说家兼资深文学评论家戴维·洛奇(David Lodge)在《巴赫金之后》(*After Bakhtin*)中说,要想成功地接受一部小说的多样性及其广阔的视野,只有把它看作个人用不同风格和腔调进行的合唱,而不只是将其作为一种修辞来分析。这当然符合狄更斯和其他小说家的本意,或者说与其他任何小说家相比,这一点更适用于狄更斯。所有的声音都通过狄更斯的意识渗透而出,无论是谁不经意激发了他的灵感,每个角色终归都还是狄更斯。记得这一点很重要,否则根本无法理解他本人的复杂多变。

也许《匹克威克外传》里最有名也最受追捧的角色是山姆·韦勒(Sam Weller),在这部作品的最初几期,狄更斯将智慧仁慈的品性赋予了匹克威克和他的朋友们,但山姆出场之前,这些品性一直都显得抽象。山姆口齿伶俐,为人随和,有着市井的慧黠,也很善良。他是匹克威克那乏味的天真的陪衬，总是对一堆鸡零狗碎的东西指指点点。年轻的狄更斯当时的写作技巧还比较稚拙，他的意见便替代了叙事者的意见。山姆的看法是自由的，而叙事者的观点依旧拘泥于中产阶级的习俗和18世纪的措辞。狄更斯善于描写引人入胜的声音，这种天赋在山姆身上得到了练习和发展，到了描绘金格尔时，更是发挥得淋漓尽致。只要他介绍人物，那人物就必定生动有趣："你真是一个好女子，话说得这么动听，加入乐队倒不错，是真的。瞧她这些靴子吧——十一双。还有六号带木腿的人的那只鞋……"对话有口音有节奏，在介绍人物所见所为的同时也表现了人物的性格。他每次开口讲述，都加进一些出人意料的东西。很快，山姆出现又消失之后，匹克威克便目睹了伊坦斯威尔选举。在这一幕中，我们开始接触狄更斯式的社会批判。这种叙事风格比早先的讽刺意味稍强，但无论叙事者还是匹克威克，如果他们出场后的面貌没有重大变化，都不可能采取这种揶揄嘲讽的语气。所以山姆离开不久即重返叙事现场便绝非偶然，它完美无缺地解决了一个叙事难题：如何在与之前的叙事格调不相违的情况下，用另一种风格评论所述事件。山姆的出场与连载期刊的销量上涨同步，这种巧合暗示着狄更斯在这个人物身上已经找到了故事和主题有机结合的方法——让一揽子杂事都附带上率直而俏皮的社会评论。这种形式将断断续续维持到狄更斯逝世，他的语气和批判轻重时有改变，但总能形成我们眼中典型的"狄更斯式"表达。

没有哪个作家的一生是一串由书本、戏剧和诗歌凝成的珍珠，被私事结成的光滑细绳有序地穿在一起。而狄更斯的一生比多数作家更为复杂无序。一桩桩要事与一个个计划纷至沓来，全都需要他全神贯注。他不是先写两卷《博兹札记》，然后写《匹克威克外传》，之后再写《雾都孤儿》(*Oliver Twist*)等等。而是相反，在写《匹克威克外传》期间他同时在结集《博兹札记》，而在《匹克威克外传》止笔前《雾都孤儿》已经开始连载。此外他还写随笔和论文，其中有些篇章已经显露出后来在小说中充分展开的一些人物雏形和思想端倪。尤其在19世纪30年代后期他异常多产的阶段，狄更斯更是置身于影响他余生的两件大事当中。其中之一便是从事编辑工作。

1836年秋，出版商理查德·本特利（Richard Bentley）与狄更斯商谈了一个计划，提议由狄更斯主编一本新的月刊。次年1月，狄更斯推出了第一期。这是这位作家

第一次当主编,之后还将持续当上几十年。他可不只是挂名,杂志方方面面的事务,他都积极参与,而且说一不二。他每月要审读八十份稿件并且安排发表,甚至还会做校对。没过几年,他和本特利的关系破裂了,原因并不是工作超负荷(尽管他经常觉得工作压力很大),而是他觉得本特利对杂志干涉太多。狄更斯总想控制局面,期望自己做主,他的事业贴满了一张张标签,每一张都是同出版商在合同、金钱和保持独立方面的一场激战。同作家们往复的信件表明,他对于文章的写法及其应有的效果,有着明确而强烈的看法。狄更斯的观点既具美学意义又带政治色彩——让一部作品更为生动有趣,也就是与"淹没"英国生活的机械乏味相抗衡。他总是偏爱想象和"幻想",总是反对单调沉闷,因为那是社会残忍性的一张面具。狄更斯在描绘英国下层生活的丰富多样方面取得了成功,这并非偶然——他既对下层人民的生活秩序感兴趣,也急切地要把这一秩序呈现给下层以及中上层的人们。

《雾都孤儿》最初十部分与《匹克威克外传》最后十部分的写作是并行的。前者每节多达八万字,后者每节字数是前者的两倍或更多,因此这两部小说狄更斯每月要写九十页,而与此同时他要写随笔、写论文、做演讲,还要演戏。现有材料表明,他先写《雾都孤儿》阴暗讽刺的片段,继而写《匹克威克外传》轻松好笑的章节。玛丽·霍格思的去世导致两部小说的6月号没能按时刊出,一些批评家说是为了缓解《雾都孤儿》的残酷无情,但尽管满怀悲伤,他也未曾减少活动。

1836年和1837年整整两年的时间里,狄更斯写小说、编杂志、结婚、搬家、有了孩子〔1838年3月6日女儿玛丽出生,昵称玛米(Mamie)〕,还写了几部剧作并发起或督导了几场戏。在此期间他写了四部剧作:喜剧《奇特绅士》(*The Strange Gentleman*),小歌剧《乡村风流女》(*The Village Coquettes*),两部滑稽剧——《她可是他妻?》(*Is She His Wife?*)和《掌灯人》(*The Lamplighter*)。所有作品都发表了,其中三部还搬上了舞台,但是只有《奇特绅士》上演了多次。狄更斯(可能有些无可奈何地)暂时放弃了戏剧写作。这些剧作虽然不是长盛不衰的艺术作品,但都证明了他的创造力以及对剧院的无比热爱,这些在他后来的人生中以强有力的方式展露了出来。

除了《圣诞颂歌》(*A Christmas Carol*)之外,《雾都孤儿》可能是狄更斯最家喻户晓的一个故事,因为它在改编之后被搬上了舞台,他的许多作品和大量 19 世纪的其他小说都是如此。戏中作坊里的小男孩落入扒手们之手,然后脱险,重新回到富有的外祖父身边,这种简单生动的经历构成了一部激动人心而又情节紧凑的戏。叙事曲线是神话故事式的,但是对奥利弗的同伴及其生存环境的细节描写却直接源于狄更斯身边的世界。按照"新济贫法"①的规定,家庭成员要依性别分开,而奥利弗请求干事邦布尔先生(Mr. Bumble)再给点食物的时候,便公然触犯了其中的食物供给条例,这一场景令人印象深刻。这部新法已经执行了大约三年之久,遭到英国社会很多开明人士和激进分子的广泛批判,狄更斯也是批判者之一。费金(Fagin)及其盗窃团伙在伦敦的住地距离狄更斯的住所非常近,当时狄更斯正在那间屋子里写这部小说。由于终生热爱散步,狄更斯对这一地区了如指掌(他对伦敦大部分地区都很熟悉,的确,他住过的地方,他都熟悉)。他对于伦敦的穷人被迫居住在简陋的环境里,表示由衷的愤慨,这既是出于对穷人的考虑,

---

① 1834 年英国政府出台了《济贫法修正案》,史称"新济贫法"(The New Poor Law),用以取代 1601 年的《济贫法》。书中页下脚注如未加说明均为译者注。

也是出于我们可能使用的一个概念——"生态学理解"（ecological understanding），即富人与穷人、健康的人与病人、衣着干净者与肮脏者、鸿儒与白丁之间不可能真正分离。众生浮动的影像在他的小说中自始至终都丰富多彩。从某种程度上说，他总是努力要在作品中囊括越来越多的人和事，让每一部小说都更宏大、更广阔，同时也更独特，让万物之间的联系更多地呈网状而非直线式，周遭的世界包罗万象，他总是能使其与自己的思想同步，且重现在纸面上。

像《匹克威克外传》一样，《雾都孤儿》在形式上与当时流行的其他文学作品有关联，这里指讲述真实的孤儿生平的故事；但是阿克罗伊德研究指出，它是第一本以儿童为主角的英文小说。在某种意义上《雾都孤儿》颠覆了世界，给狄更斯的读者提供了一种观察事物的新视角——维多利亚时期一个孩子眼里的社会底层生活。这种形式允许作者在保持一定距离的情况下，走近自己的童年往事，其中夹杂了苦难以及被社会抛弃的感受，而此时他还不准备提及。

作为叙事者，作者毫不掩饰地冷嘲热讽。比如小说伊始，奥利弗在监护人索尔贝里（Sowerberry）手下当学徒工时,为维护不曾谋面的妈妈的名誉而激怒了干事邦布尔。邦布尔先生声称奥利弗的灵魂丑恶必定是由于吃得太饱。作者评论道:"索尔贝里太太对奥利弗的好心,就是把别人都不吃的脏兮兮的残羹冷炙无比慷慨地施舍给他。面对邦布尔先生的强烈谴责,她都抱着温顺与自我牺牲的态度接受。平心而论,她的思想、言辞和行为举止完全是无可指摘的。"《雾都孤儿》里的对话尤为丰富(或许证明狄更斯同时在写作剧本),作者嗤之以鼻的对象也再三自我嘲讽:"'求求你,看着我吧。'邦布尔一边说,一边用双眼凝视着(他的妻子)。'如果她受得了那样的眼神,'邦布尔心里嘀咕,'她就没有什么受不了的。我用这眼神对付那些穷鬼,从没失手过,假如在她这儿不奏效,我的权威就完了。'"当然,《雾都孤儿》以讽刺和传奇著称,狄更斯的嘲讽语气常常让位于对感伤(比如处理布朗洛先生[①]和罗斯·梅利[②]时)和邪恶(比

---

① 即 Mr. Brownlow,《雾都孤儿》中的角色,奥利弗父亲的朋友,是奥利弗的保护人之一。善良正直,平等待人,最终帮奥利弗夺回了财产。
② 即 Rose Maylie,《雾都孤儿》中的角色,奥利弗的亲小姨。

如比尔·塞克斯①和芒克斯②)的描写。实际上,奥利弗的经历给狄更斯提供了完美的实验机会,在一个简单情节限定的范围内,传出各种角色的声音,几乎所有声音都很极端——奥利弗极其年幼单纯,邦布尔极其浮夸,布朗洛先生极其仁慈,比尔·塞克斯极其残忍,费金极其狡猾——它们在叙事者的声音里变换着形态。

每位小说家都有意无意地追求描写范围的拓展。狄更斯在探索戏剧化事件,挖掘不寻常的人物以及搜寻新材料方面,尤其孜孜不倦;他拥有不太安分的天性,这也使得他特别广泛地与各个阶层不同个体接触交往。他在二十多岁的时候,与其他年轻作家也没有明显的不同。就算是个天才,他的写作技巧也还不足以支撑他完成文学艺术上的雄心壮志,而他用前三本书为实现自己的抱负写出了一条道路。《博兹札记》显示他兴趣广泛但未能将其融为一体。《匹克威克外传》表露出他丰富机敏的喜剧情怀,却有平淡无奇、叙事枝蔓的瑕疵。《雾都孤儿》经由人物角色及其生存的世界,广泛描写了各种强烈情

---

① 即 Bill Sikes,《雾都孤儿》中的角色,费金的同伙,杀害了他爱的南希,并因此被追捕,后失手将自己吊死在烟囱上。
② 即 Monks,《雾都孤儿》中的角色,奥利弗同父异母的哥哥。

绪，但是渲染得太过浓墨重彩，不像其他作品那么自然。

无论如何，1833年12月1日到1838年11月9日，从《雾都孤儿》的开篇在《月刊杂志》面世到这本书以三卷合订本的形式出版，狄更斯已经成为那个时代最重要的文学大师，第一位维多利亚时期的小说家。维多利亚女王于1837年1月刚刚加冕。较狄更斯后起的同时代作家以及作为竞争对手出现的小说家，诸如威廉·梅克皮斯·萨克雷（William Makepeace Thackeray）、夏洛蒂·勃朗特（Charlotte Brontë）和乔治·艾略特（George Eliot），当时还闲居在家或者在校读书。就连与狄更斯年龄相仿的伊丽莎白·盖斯凯尔（Elizabeth Gaskell）也还没有拿起笔来写作。实际情况是，他正处于一个文学时代的开创过程中，其他人将会是这个时代的一部分。无论作为作家还是编辑，他都是一位颇受欢迎又举足轻重的人物，以至其他人不得不多多少少参考他的作品，来激发自己的文学灵感。

然而狄更斯不只是一位著名的作家，他还是一位自觉的有责任感的公民，他不曾忘记名声赐予了他非比寻常的机会，使他得以评论并影响政治事件。1839年，已经二十七岁的狄更斯正因为积极主动的慈善行为而受到朋友们的尊重——麦克雷迪声称,狄更斯"已经把改善同胞的境遇当作了所有工作的目标","贫苦阶层正在受罪"的意识贯穿在他所有的行动之中:他经常长途散步,这让他的足迹遍布邻近的各个地区;他也关注到当时人们争论的一些问题,比如他在小说和他主编的杂志里都曾提及的"新济贫法";他还进行公开演讲,并组织惠及艺术家同行及其家属的基金筹募。

慈善活动和慈善机构是维多利亚时代生活的重要部分,也构建了一种重要方式,让那些贫苦无依的人可以受到社会关照。我们知道,政府没有提供多少社会服务,反而是教会和私人赞助的慈善机构,提供饮食,供人受教育,有时也提供雇佣机会,还会照顾那些需要帮助的人,这些机构还广泛推行各种理论与方法。不是所有机构狄更斯都正式支持过,他尤其不支持由福音派新教会资助的机构。清教徒式的狭隘与不合常情的严格融为一体,违背了狄更斯的天性,他天生就认为真正的慈善当在仁爱宽容与欢喜愉悦中产生。他对社会的种种失败及其适度的调整有自己的理论,并且对于激进的政治思想时常抱有同情。与此同时,他又深深地质疑社会的动乱,包括已萌芽的革命运动、工人罢工或阶级间潜在的暴力冲突。社会有序是他的最高目标，这种社会秩序承认每个人对他人都要负责任，并且要为人生幸福提供充裕的空间：休闲娱乐、良好的人际关系、优质的饮食、舒适的环境和家庭的关爱。他对社会的动乱心怀恐惧，又痛心疾首于富裕阶层忽视其社会责任的种种行径：济贫法案的残酷无情，法律条文的模糊难解，官僚系统的繁文缛节和无所作为，对公众事务的漠不关心，对公共卫生疏于管理，或者只顾一己之私而不讲道德。在这一语境中，可以说狄更斯从来没有忽略自己的责任。他的生活模式表明，他的生活中有娱乐也有工作，他相信二者有同等的价值，并且将二者的价值推及维多利亚社会的所有成员。1839 年，狄更斯会见了安杰拉·伯德特-库茨（Angela Burdett-Coutts），她是库茨银行资产的继承人，也是全英格兰仅次于女王的女富豪。库茨小姐比狄更斯小两岁，仍然未婚，在狄更斯去世十一年后才结束单身状态。她投身于大范围的各种慈善项目，多数项目中狄更斯都是其合作伙伴与助理，其中有一项专为救助失足妇女，名为"乌拉妮娅小屋"（Uránia Cottage）。

　　从狄更斯最早期的作品看，他反复陈述了一个认识：无知与贫穷通常携手齐至，共同引发从疾病到犯罪再到社会动荡等许多社会疾患。他一而再再而三地描写儿童，批评了残忍、无效又玩忽职守的教育机构，并且，他还不厌其烦地申明"儿童是成人之父"这一观点。在第三部小说《尼古拉斯·尼克尔贝》（*Nicholas Nickleby*，1838年3月底初刊）当中，他成功地将几个关注点与几种惯常使用的风格结合在一起，这本小说可能被视为第一本包罗万象的"狄更斯式"小说。该书描写了一家教育机构——一所"约克郡学校"，私生子或残疾儿童的家人交点钱，孩子就会被寄存在这大仓库里——这是展开小说的由头，但如何围绕一个概括性的主题展开全面叙述，他还不是胸有成竹，后来处理《荒凉山庄》和《小杜丽》时也是如此。小说的主角是一个与他自己迥异的小伙子，或者说是把他自己与情节剧中标准男主角的特点融为一体的年轻人。尼古拉斯的父亲在财产丧失之后悲痛而亡，尼古拉斯便和姐姐凯特（Kate）与母亲一起去伦敦投靠叔叔拉尔夫·尼克尔贝（Ralph Nickleby）。拉尔夫是个放债人、一个贪婪无情的财主，不讲亲情，对他这个更有人情味却生活落魄的哥哥一直既蔑视又嫉妒。叔侄俩很快成了死对头。拉尔夫同意帮助他嫂嫂和侄女，前提是要尼古拉斯同意去为约克郡学校的所有人斯奎尔斯

（Squeers）先生做雇工。

《尼古拉斯·尼克尔贝》的故事情节有些松散，一定程度上归因于维多利亚早期的戏剧手法——拉尔夫的恶行始终不改，心如铁石；尼古拉斯一如既往地纯洁无瑕。反而是在尼古拉斯于行进途中遇到的几个外围人物身上，我们看到了狄更斯对于幽默和心理描写的兴趣。年轻浪漫的几个主要人物表现平淡无奇，他们的遭遇也很俗套。但是，《尼古拉斯·尼克尔贝》读起来如身临其境，令人愉快，比照狄更斯的其他作品，这部小说以有趣见长。匹克威克俱乐部的成员们到外面的世界寻找他们可能遇见的风景，那是一次休闲，奥利弗出走是要给自己找一个家，而尼古拉斯则是必须选择一份工作来谋生，还要找到一位人生伴侣（这些也是那个时期的狄更斯必须做出的选择）。他必须找到一条路让自己成为这世间的参与者，而不是像匹克威克们那样的旁观客，但他不必像奥利弗一样逃避人世，他也不愿如此，因此狄更斯着眼于各类工作——教育、艺术、剧院、金融、商业以及时装设计。在他笔下，甚至贵族的挥霍浪费也是一种职业。尼古拉斯的故事，是在循规蹈矩的工作和家庭生活中做出选择，从而不断成熟的故事。

这部小说的笔调兴致盎然，愉快活泼，从中可以看出狄更斯显然很享受自己的家庭生活（1839年10月底，就在这部小说合订出版前几天，狄更斯夫妇有了第三个孩子凯特）。《尼古拉斯·尼克尔贝》最后的意象是婚后生育的喜悦——尼古拉斯和马德琳·布雷（Madeline Bray）的孩子们围绕在斯麦克（Smike）静静的墓旁，以致哀思。从其他方面来讲，这部小说在狄更斯的作品中也很出色。马尔伯利·霍克勋爵（Sir Mulberry Hawke）及其同伙公然霸占良家女子，他串通凯特的叔叔欺骗她，而老吝啬鬼格赖德（Gride）则对马德琳图谋不轨，这些把戏以一种不同的方式得以描写并展开。事实上，马德琳的婚姻具有献祭般的危险，源于这位年轻漂亮的姑娘身处一个恶老头的掌控之中。小说中满是些老色鬼、小色狼和他们欲求的尤物。一个有趣的反例是吃软饭的曼塔里尼先生（Mr. Mantalini），他不断用热烈的情话来讨好他老婆，不让她知道他正在给她的商社带来财务上的灭顶之灾。在爱情与两性问题上的相对坦率开通，并非狄更斯后期小说的特点，他后来的小说总的来看少了些俗人眼中的天伦之乐，并对婚姻持有更为黯淡的看法。《尼古拉斯·尼克尔贝》的亮点在于其所处的历史性和传记时刻的重要性——19 世纪 30 年代末期,对维多利亚时代精神的崇拜尚未驱尽 18 世纪的喧嚣,在可能被视为维多利亚时期最独特的小说家的第一部真正与众不同的小说中,老派生活方式依然留下了点点印痕。

《尼古拉斯·尼克尔贝》是一部成功的连载之作,第一期售出五万册,并始终保持了这一销售记录,之后合订本销量也很好。然而追捧该书的热度未能持续,这部小说成了狄更斯读者最少的著作之一,也成为一部情绪高涨但转型不够成功的小说,狄更斯在这部作品中着手尝试的一些思想和方法数年后才开花结果。

第二章

到1838年,狄更斯的生活已经稳定下来。自此之后,他的一些生活特征一直保持不变,长达十八年之久:声名在外、宴饮交际、躁动不安、辛苦工作、对家庭生活爱恨交加;从最个人化到最大众化,进行各种形式的文学尝试;从个人慈善到公开提倡,履行多种形式的市民责任。

狄更斯的众多友人中有一位艺术家兼插画师丹尼尔·麦克利斯(Daniel Maclise),曾在狄更斯写《尼古拉斯·尼克尔贝》期间为他画过一幅肖像,这幅画现今悬挂在伦敦国家肖像馆。狄更斯的朋友们认为画得极为传神。在为《尼古拉斯·尼克尔贝》完稿而举办的庆功宴上,这幅肖像被公之于众,后来用雕版印刷,作为小说合订本的卷首插图。从中我们可看到当时最著名的作家,二十七岁的查尔斯·狄更斯的样子。他的脸偏向左侧,不知什么地方发出的光线落在他的脸上。他面相年轻英俊,高高的额头,一双大眼,鼻梁高挺,嘴唇弯曲。光线还落在他的双手上,其中一只摊开在一部手稿的两页之间,手指纤长优雅。他黑发飘垂,胡子刮得干干净净,身穿一件深色礼服,项系一条深色领带。他看上去深沉安静,还出奇地年轻,比他的实际年龄还要小,与他的丰富阅历和充满自信的老练文风相比,更显年轻。的确,假如他的朋友们认为肖像与本人非常相似,那么他们肯定看到了一点,就是画像神情宁静,近乎伤感。

但是,狄更斯更为鲜明的品质是他的精力,熟悉他的人们最常评论到且一直为他所恃的也正是这一点。就是在这段时期,他养成了每天精神抖擞地长途散步的习惯,在今天看来,对于一个要完成许多目标的大忙人来说,这真是不可思议。他以每英里十二到十五分钟的速度固定地走完二十(有时三十)英里的路程。如同他的小舅子所说,返回时"他看起来就像精力的化身,他的精力似乎从某个隐形水库的各个小孔向外渗出"。他有精力同沮丧、害怕、不满和疾病进行斗争——他小时候是个病秧子,周期性地发作过几次肾病,还得过面部神经痛和神经衰弱,各种传染病也曾持续不断地折磨他。他从活力四射到体力衰退再到精力恢复,以一种现代看来近乎歇斯底里的方式进行转换。每一种刺激都会产生强烈的反应,狄更斯生命中的这段时期尤其如此,有人还曾造谣说他疯了。他无疑是疯狂的,当然这疯狂是在灵感的控制中。他只能微微控制面部表情和舌头。他的女儿凯特成年后回忆起目睹狄更斯工作的一个场景:人物及其言谈似乎占据了他的身心——他经常对着一面镜子,嘴里说着那些人物的话，扮出他们的表情，然后把这些写下来。

婚后最初五年里，查尔斯和凯瑟琳生了四个孩子，正式搬了三次家，此外，每年夏天他们都去肯特郡的布罗德斯泰斯（Broadstairs）、彼得舍姆（Petersham）等地租赁的房子里，秋天再返回伦敦。他们也会出国，去法国、比利时和怀特岛（Isle of Wight）旅行。这种无休无止的工作无疑给他们的婚姻带来压力——狄更斯的信件中越来越多地流露出对凯瑟琳的"慢性子"和她产后总是抑郁的不满。他似乎从来没有想过节制自己的欲望，没有想过将她从不断怀孕生孩子的循环中解放出来。相反，他指望着她能坚强起来，或者给她看病的医生们能够让她变得坚强，能够把她的能力提升到符合他心目中妻子应有的水平。他的小姨子玛丽的离世带给他的悲痛和失落感依然十分强烈，对此他也毫不掩饰，而这或许会让凯瑟琳悲伤苦恼，但他又一次没有意识到，他的举止需要加以掩饰。毋庸置疑，狄更斯对于如何持家有着严格而琐碎的看法。他期望绝对的井然有序，家里要保持一尘不染，他工作时要鸦雀无声，他有准备的时候家里可以宾客如云，你一言我一语，欢快有趣。简言之，在家里他有点像一位专制的君主，很少考虑他妻子（此时他依然表现得对她还有一定的爱意）和孩子（他总是干涉他们的生活）的需求。

狄更斯的职业生活也并非风平浪静。总是欢欣鼓舞地订下协议，转而又在愤怒和仇恨中以破裂告终，是他职业生涯的特色。当然，总会有各种情况和问题。就拿《本特利杂录》(Bentley's Miscellany)来说，狄更斯当时正在编辑这本杂志，并且《雾都孤儿》已经在上面连载，但当杂志所有者兼出版人理查德·本特利自作主张在1837年9月号插进几篇文章时，狄更斯心下十分不快。更为重要的是，他感觉《雾都孤儿》所得的收入并没有给够，这本书极其畅销之后这一感觉就更为强烈，最终引发了一场严重的争执。而本特利也没能为与狄更斯签约的第二本小说《巴纳比·拉奇》(Barnaby Rudge)提供更多赢利的条件。从1836年狄更斯第一次为本特利工作以来，他对于自己的受欢迎程度与赚钱潜力的认识，有了相当大的改变。他不单是作者群中的翘楚，还是一位明星，唯一的明星。合同的合法性与道德性不得不向他低头，事实上也的确低头了。狄更斯已在查普曼-霍尔公司找到了更多称心如意的出版商，这家公司已经出版了《匹克威克外传》与《尼古拉斯·尼克尔贝》，并且在稿酬方面与合同条款的灵活性上谨慎地（在狄更斯的商务代理人约翰·福斯特的敦促下）表示出开明的一面。狄更斯开始有理由觉得，凡是他要做的事必定会受欢迎，也必定会赚钱，他急切地需要做这些事的自由。

而事实是，狄更斯的工作、事业和家庭生活被紧紧地捆绑在一起，打了个死结，任何像合同规定那样一清二楚的东西，都不能轻而易举地解开它。当主题是金钱的时候，对他来说可能就会有纷繁复杂的思想感情。金钱——这可以挣来的东西，要怎么花掉它，它意味着什么，对男人或女人的性格和命运产生怎样的影响，是否要布施这些钱，应该怎样分发这些钱——是纠缠了狄更斯整整一辈子，可以说最终让他丧命的一个话题。他这些年签订和终止的协议，只不过是整个错综纠缠的症候中最明显的表现。

如果将狄更斯视作大众文化中真正的杰出人物——也就是说，将他视作一个靠工作发财致富并且声名远扬的人，如同当今任何一个家喻户晓的电影明星——那么我们也可以将他视作第一位成为"知名品牌"的人物。有许多年，只要他的名字出现在一份连载杂志的第一期，单凭这名字杂志便会有很好的销量。在第三、第四期，销量可能会上升或者回落（在这种情况下，狄更斯会调整自己的计划进行改善），但在销量欠佳的情况下他仍会依靠自己的名字挽回一定数量的读者，狄更斯对他们怀有强烈的感激之情。他一直觉得自己的工作就是取悦读者，而不是打击他们，同他们对抗，当然更不会冒犯他们。与狄更斯的时友萨克雷和布尔沃－利顿（Bulwer-Lytton）那些作家不同，他没有可以仰仗的家财田产；也不像夏洛蒂·勃朗特，他不渴望过一种谦卑或隐退的生活。他信奉努力工作，信奉努力工作总能获得巨大成功。他承担的财务责任没有为观众忠实度的正常消减和流失留有余地，也没有为艺术尝试的转变留下多少空间。他令人愉悦的秉性以一种天生爱表现的方式得以诠释——他衣着时髦（据很多他的同辈人说，衣着稍显华丽），所看重的生命乐趣中鲜有禁欲之乐。大多数时候他友善好客，然而有一丝节俭，在他的一些家人看来可能会是吝啬。实际上，靠他吃饭的人数一直在增加，不只是老婆孩子和家中用人，还有他的父母，他的兄弟也时不时来求接济。他试图过一种他的书里频繁描写的俗世乐园的生活——儿孙满堂，家庭和睦，宽容舒适，自由安全。

这些不只是出现在他作品里的影像,也是他的信念和个人志向。然而,重要的是,要记得他的这些希望之源全然是出于己意。与同时代的任何一位公众人物相比,狄更斯不只是一个自学成才的人,他是一个自学成才的奇人——他激发了自身的全部能量和想象力来描绘蓝图并让自己实现它。他独到而有远见的文学风格在受到维多利亚时代读者的青睐之外,还为他们定义他们所生存的世界,这种定义不仅仅是描述现实,也展现可能性。

同时,艺术这一行无论多么受欢迎,也从来没有像制造业和搞投机那样挣到过很多钱。创作的机器从来不会自行启动,相反却需要越来越深入地动用艺术家的创新和机敏。一位(像狄更斯一样)靠不断追求卓越来负担合同义务、支付素日花销的艺术家,必定会感受到对金钱的迫切需要,同时也总会低估多费心血需要付出的创作成本。

然而,狄更斯年近三十的时候,对即时的创意需求的反应之敏捷,令人震惊。他最初的意向是为查普曼-霍尔公司出版一份即将命名为《汉弗莱老爷之钟》(*Master Humphrey's Clock*)的周刊。当时的构想是写"汉弗莱老爷"的一小群退隐的朋友,这位老爷打算在他的落地式大摆钟里找到"短篇小说、随笔、神话、冒险小说、想象中的写信人的来信,诸如此类"。这是18世纪像《观察家》(*The Spectator*)那样的杂志模式。1840年4月的第一周,狄更斯开始连载《老古玩店》(*The Old Curiosity Shop*)。第一期卖得很好,但接下来的几期销量欠佳,显然最初的构想没有符合人们的预期。狄更斯的对策是扩写一些成型的独立片段,内容涉及耐儿(Nell)、吉特·纳布斯(Kit Nubbles)和汉弗莱老爷讲述的祖父的商店。几周之后,汉弗莱老爷和他的朋友一一散去,这份周刊已完全是耐儿经历的连载。从商业上来讲,狄更斯的故事如他希望的那样获得了巨大成功。它以周刊形式出版,汇总起来以月刊形式重新出版,并最终以合订本出版。每周售出十万余册,销量超过了狄更斯之前的任何小说,从某种程度上比20世纪后期每周热播电视系列片的现象还领先一步。美国的码头工人们,在遇到装有刊载耐儿去世那一期杂志的轮船时,大声喊:"耐儿还活着吗?"这可能只是传说,但即便如此,小说的确在大西洋两岸获得了巨大的成功。

周刊印刷的数目颇为可观,尽管狄更斯错估了印刷所需的成本使利润受到了一些影响,但他本人对这部小说非常满意,在1841年3月(止笔之际)他写到,希望这本书一直是他的最爱。当然他也陷入耐儿的故事当中,为她的死深感痛心。

《老古玩店》采用的是《雾都孤儿》的叙事模式,而不是《尼古拉斯·尼克尔贝》的模式。就像在《雾都孤儿》里那样,故事的主角是一个天真的小孩,在成熟商业区一条颇为凶险的小道上迷了路,被一些冷酷恶毒的抢劫犯推到险境当中。那些以保护她为业的人根本无能为力。小说里的恶棍,身材矮小的放债人丹尼尔·奎尔普(Daniel Quilp),利用耐儿的祖父想通过赌博来给耐儿挣些生活费的企图而控制了这祖孙俩。在一个类似情节中,一个垂涎耐儿美貌的年轻法务员迪克·斯维勒(Dick Swiveller),逐渐认清了他的雇主桑普森·布拉斯(Sampson Brass)和他姐姐萨丽(Sally)的本质,也因为饱受二人压迫的女仆的爱而得到了救赎。吉特找到通过结婚来赎出耐儿的方法,但是纯洁无瑕、一尘不染的耐儿,死了。

《老古玩店》在读者群中引发了两种极端的反应,就这一点而言,它是狄更斯最有意思的小说。这部小说在当时无比受欢迎,赚得盆满钵满,但在当今已经不可能有很多人读,即使那些忠实的狄更斯迷也不会。奥斯卡·王尔德（Oscar Wilde）评论说："一个人在读到耐儿之死的时候没有放声大笑，那他一定是铁石心肠。"其他评论家至少也是这样评论。大多数现代读者对这一现象最善意的看法，就是它生动形象地展现了19世纪中期和我们这个时代的人们感受上的差异。评论家和社会历史学家都指出，19世纪大西洋两岸的发展有一个共同的特点：由于殖民主义、工业主义、军事主义和金融投机的影响，人们心目中体面男人的形象改变了，男人们越来越克制自己，不当众流露个人情绪。1840年，维多利亚女王和阿尔伯特亲王结婚之后，性别角色有了更清晰的划分，女人要有大众认可的女性品质（退隐在家、性情温柔、感情脆弱），男人要具有公认的阳刚之气（处理外事、坚忍克己、坚强有力）。理论上说，《老古玩店》的效果依赖于读者已经有心理准备去感受小耐儿的纯洁和饱受苦楚的极端哀婉之情，这一效果在维多利亚时期之后的读者那里会被削弱，他们会通过比狄更斯同代人更多的讽刺因素来过滤其凄楚感。

《老古玩店》为狄更斯想象的世界模式限定了一个外部边界，那个世界住满了魔鬼、公主、傻瓜之类不现实的、神话故事般的人物。狄更斯经常对朋友说，他孩提时就喜欢神话故事，成年后仍然热爱，因为这些故事可以消除死气沉沉的、商业化的机械生活带来的不良作用，而这种生活在他周围似乎已占了上风。《老古玩店》中狄更斯采取的众多冒险举动之一，就是让耐儿和她祖父的纯然童话世界紧邻迪克·斯维勒某种程度上更为有趣和现实的世界。耐儿生死攸关的历程不断闯进迪克平静的内心旅程，最终深深打动了他。但是作者有意让它们并存且相互评论。按照不同生命拥有不同音调和不同虚构特征的方式进行模仿，在狄更斯职业生涯的这个时段，他还不能处理得十分均衡，这也不足为奇。我们看到了即席而作的诱惑与压力的一角——狄更斯在进行简短的周刊写作，他敏锐地意识到当期连载的卖点是什么。这部小说感觉像是一场大获全胜的走钢丝，鼓励他比过去更多地依靠自己的直觉写作。耐儿的结局无疑是来自玛丽·霍格思之死带给他的哀伤，历久弥新。

小说止笔时，狄更斯的愉悦感和成就感暗示着那些极端的成分对他而言十分合适，其销量也向他证明这样做确实很对。小说的语调几乎和《尼古拉斯·尼克尔贝》恰恰相反，后者有着开阔而令人喜悦的特征。《尼古拉斯·尼克尔贝》中的一些人物返回到了《老古玩店》，最明显的是那位放债人,但现在,还可以发现拉尔夫·尼克尔贝(他还有一些较为温和的信条以及不重要的思想)已经变身为丹尼尔·奎尔普,形象被丑化,变得惨无人道,成了一个精力充沛又有点小聪明的怪物。耐儿本身也与《尼古拉斯·尼克尔贝》当中的年轻女子们相仿,她必须进入这个无人保护自己的世界,但此时她的纯洁隔断了她与世界的联系——没有一位年轻人像尼古拉斯那样,纯情地去保护她,于是死亡便成了唯一的选择。

如果不忙于对作者进行过于弗洛伊德式的事后批评,那么接受小说构思阶段的迅捷和随意所发出的邀请,并且质疑在那个时候这本小说阐明了狄更斯本人的什么感觉,暗示其生活有什么可能性,就会饶有趣味。那时,对所有人而言,他都取得了巨大的成功。显然,他认为天真本身以最纯粹的形式存在于某些处女身上。实际上,他曾经描写并试图要过的那种家庭生活的理想现在已经屈居第二位,从道德上讲,这对于被救赎者(迪克和吉特)已经足够好,但对于从未堕落的人(耐儿)就有些不妙。耐儿独特的天真类型有着常人罕有的品质——忍耐、宽恕、牺牲——会与其四周阴暗疯狂的力量形成对比。同其他所有人物相比,无论程度轻重,奎尔普都不是唯一的狂暴角色,而耐儿就存在于他们大量活泼泼的表现或者说生命之中。似乎耐儿必须死去,因为生命的本能已经被摧毁被破坏。每一部小说都是一场合乎逻辑的争论——是作者对于生命是什么的认识宣言。它体现在人物角色、故事情节和诸多意象中。有些争论具有广泛的感染力,有些没有。一些感染力有强烈的情绪力量做支撑,一些主要是基于理性和可共享的经验。作为一部奇怪而难以置信的小说,《老古玩店》的讨论打动了许多读者。

1841年6月19日,狄更斯一家去苏格兰旅行。这次他对自己在公共生活中的地位有了成熟的认识,改变了他之前的看法。25日爱丁堡市民们为他组织了一场公开宴会,那是一种我们不太熟悉的场合,更像介于获得学院奖章和获得市民认可之间。在隆冬时节,《老古玩店》的周刊连载已经结束,紧接着是《巴纳比·拉奇》,这部小说也很受欢迎。2月,狄更斯二十九岁生日的第二天,他们家的老四、二儿子沃尔特(Walter)出生了。狄更斯已经习惯了名人生活、到处受奉承,习惯了自己的举足轻重,但这次公开宴会还是给他留下了深刻印象。二百五十位男宾用餐,饭后二百位女宾出席,来聆听他在顶楼楼座进行的演讲,他已经不单是一个名人,也不只是一个文人,而是有点像"国宝"(假如有人自认为是这个级别)。他不只获得了文学上的成功,也获得了别的成就,那就是一个独立的身份和地位。他的声音和视角已经深得人们喜爱;正如阿克罗伊德所说,他是"公共财产"。他最初的反应,是典型的狄更斯式的公众人物——站立演讲时,他镇定自若,口齿伶俐,彬彬有礼,十分冷静,最重要的是,他魅力十足。后来写信给福斯特谈及此事时,书信的笔调透露出欢喜得意,还有点出乎意料。他似乎特别在意一点——他是那么年轻,而前来赞美他的男士都是比他年长的事业有成者。

格雷厄姆·史密斯(Grahame Smith)在其传记作品《查尔斯·狄更斯:文学的一生》(*Charles Dickens: A Literary Life*)中指出,在沃尔特·司各特爵士的最后一本书《雷德冈脱利特》(*Redgauntlet*)问世与《匹克威克外传》出版的十二年之间,英格兰的小说写作一直处于停滞状态。在那十二年中,出版业本身也在改变,因为各种期刊纷纷找到了吸引社会上更多更广泛的读者群的方法,期刊的定价稍高于一点五英镑,大致相当于现在的五十二美元,几乎可与昂贵的三卷本小说并驾齐驱。浪漫主义时期早已结束,而维多利亚时期尚未开始。法国在出版巴尔扎克、司汤达等人饶有趣味的小说;美国则有华盛顿·欧文(Washington Irving)的小说,而英格兰值得一提的只有丁尼生(Tennyson)的诗歌、德·昆西(De Quincey)的文集以及卡莱尔(Carlyle)的《衣裳哲学》(*Sartor Resartus*)。查普曼-霍尔公司开始出版狄更斯的小说时,公司不是印刷图书和报纸,并将两者捎带些文具一起出售,而是只出版图书并且从中获利,这还是一种非常新颖的观念。

从各方面来讲,一个作者通过出售自己的作品来养活自己都是一件新鲜事,狄更斯在这方面是一位值得效仿的模范。周刊或月刊出版的形式不仅帮他拓宽了读者面(据估计,每销售一期会增加十五名读者),还有助于让读者保持兴趣。这种情况无疑和现在每周播放的电视系列节目或者肥皂剧类似。狄更斯天生的敏感精致与其出奇的创造力相结合,意味着一种可能会令其他作者感到疲惫不堪的形式,对他而言却是如鱼得水。

让狄更斯成为国宝的另外一点,则与出版毫不相干,而是和他出身的阶层以及身份的变换密切相关。父亲不善经营财产,工作又遭变故,导致狄更斯早历人生的起起落落,但是他勤奋颖悟,遂得以身处一个独特的位置,可以对英格兰社会进行全方位的观察。可以说，他没有受过正规训练，不受经典教育的束缚，只用一种传统的眼光来看待英国社会。他的前三十年用了一种与周围人都不相同的方式，通过自由的训练来形成自己的观点，以此进行独立判断并观察团体与团体、阶层与阶层，以及社会习俗与个体之间的相互影响。与所有同辈人不同的是，他不代表任何群体，从而可以代表所有群体。小说这一媒介增加了他的自由度，因为没有自由，小说便绝不能发挥作用——作者自由写作，读者自由阅读。如果谁都能看懂，读者可能会一直连封面都不翻开，因此他的作品总是针对读者会不会买下一期而采取措施。狄更斯其人及其作品的另类，进一步提升了他的自由度，因为他的思想可以无拘无束地涵盖形形色色的人物、想法和背景。他不遗余力地呼吁，反对限制自由，比如周日商店不营业，但上班的人们只有在那天才能去购物，其他法律条文以及刻板无聊的宗教清规和慈善机构也限制了穷人的生活。论气质、论所受的训练和人生意图，狄更斯都是一个现代人，他的核心品质是向往自由的思想和行动。

  1824年至1836年这十二年的时间，是英国小说写作的平静期，其特点是孕育了现代性。以乡村为小说背景的简·奥斯丁（Jane Austen）和司各特让位给了城里人狄更斯。作为传统社会标志的人际交往和责任义务被作为现代社会标志的随意聚会和商务往来所替代。在我看来，文学进入现代世界的时刻非常独特。1835年，尼古拉·果戈理（Nikolai Gogol）在《圣彼得堡故事集》（*St. Petersburg Stories*）上发表了一则名为《鼻子》（*The Nose*）的故事，主人公寻遍了圣彼得堡的每一个角落，寻觅他飘忽不定的鼻子。找寻途中他停下脚，想要看一眼出售女式长袜的橱窗上贴的一则广告。一个女人的一条美腿慢慢伸进长筒袜的画面让他怦然心动。他继续前行，但就在刚才，他完全拥有了现代的一刻——异性和图画相结合，为的是将他转化为一名潜在的顾客。现代性的其他特点——快捷的交通、工业化的产品、金融投机和大量信息传播、中产阶级的兴起、物质主义的上升和教育普及——所有这些都即将到来，但广告是一只歌喉婉转的金丝雀，提醒我们店里正在卖什么货。狄更斯很快就恍然大悟：广告有巨大的威力，足以吸引他，也有助于扩大读者群。他对自己的生存环境再熟悉不过了。

三十五岁左右、生活在爱丁堡的狄更斯是一位前无古人的独创性人才。其他伟大的革新家多数要承继某个前辈——就连莎士比亚之前也有克里斯托弗·马洛（Christopher Marlowe）[①]。并且狄更斯既没有创立剧院，让他的剧本在其中上演，也没有创建表演这些剧本的剧团。然而狄更斯用一种新腔调和新形式，对一群全新的观众讲述了一个崭新的世界，主要是为了资本主义新体系而重新考虑的几个老观念——关爱和尊敬应给予社会上最弱势最驯良的人，而不是最强势者；以金钱和阶级将人类彼此割裂的种种方式都虚妄不实而且非常危险；精神愉悦和身体舒适是最具积极能量的商品；强大的精神生活拥有社会和经济效应。现在我们可以称此为生态学理解，即凭直觉将社会整体理解为一个网络而不是一个层级——这是典型的看待世界的现代模式。狄更斯在事业发展的早期就领悟了这一思想，并在故事情节、人物性格、小说主题，以及每部小说的风格中都展现了他对这一思想日益全面的掌握。这就是他伟大卓越的根源。正是在英国的势力范围遍及全世界的时刻，他用英语创作了这些作品，这是他地位举足轻重的根源。他精力充沛，兢兢业业地将艺术视角与社会行为相结合，则是他能够

[①] 克里斯托弗·马洛，16世纪英国剧作家、诗人，代表作品有《浮士德博士的悲剧》《帖木儿大帝》和《马耳他岛的犹太人》。

独树一帜的根源。

7月中旬,查尔斯和凯瑟琳从苏格兰返回伦敦,接着去肯特郡的布罗德斯泰斯以消余夏。狄更斯早就动了去美国旅游的念头,这无疑是受华盛顿·欧文一封来信的鼓舞,欧文信里预期,借《老古玩店》大获全胜的余威,狄更斯前往美国将是一次史无前例的胜利。当然,对于狄更斯而言这不只意味着名声,还意味着金钱。此外,《巴纳比·拉奇》的故事发生在美国革命时期,其主题也点燃了他要亲眼见到这一片新大陆的热望。在19世纪三四十年代,欧洲赴美旅行者写有丰富的笔记和回忆录——那简直就是手工作坊的产品,狄更斯当然清楚他可以写出一些新意。9月中旬,他对老朋友福斯特提起这事,一周以后就拿定了主意。不巧的是,凯瑟琳并不想去,她已是四个孩子的妈妈,其中最小的才七个月。阿克罗伊德指出,每当狄更斯提及他的计划,她都会嘤嘤而泣,但是他一如既往地不容否决。并且短短几个星期之内,要乘坐汽轮(第一艘汽轮在四年前才刚刚横跨了大西洋)旅行的各项计划都已在积极的筹备中。当然,这是一次漫长的旅途,历时将近半年,孩子们都留给狄更斯的弟弟弗莱德照顾。狄更斯心无所畏,并且还选择在秋天接受了一次手术,对直肠壁进行瘘管修复,没有打麻药,痛苦不堪。用他的朋友麦克雷迪的话说,狄更斯后来又讲起过这事,那种痛苦让麦克雷迪实在不能安稳地坐下听他娓娓道来。尽管如此,在身体复原期间,狄更斯还是写完了《巴纳比·拉奇》的最后几期。

1842年1月2日,查尔斯夫妇登上了"不列颠号"轮船,起航前往美国。旅程并不像广告宣传的那么美妙——夫妇俩的包舱极其逼仄,狄更斯把行李箱的收放比喻成把一头长颈鹿强行赶进花瓶里。但他仍同往常一样对将要看到的一切兴致盎然,后来在《游美札记》(*American Notes for General Circulation*)中他写道:"一群人正在'牵奶上船',换句话说,就是把奶牛牵到了甲板上;另一些人正在往冰室里放食材——新鲜粮食、肉类和蔬菜水果、淡白的乳猪、大量的牛头、老牛肉、嫩牛肉、猪肉、鸡肉,有的多有的少,都堵到冰室的嗓子眼儿了……"船长后来乘一条小船到了,他的相貌很符合狄更斯心目中的形象:"身材匀称、肌肉结实、穿着潇洒、短小精悍;他面色红润,这面色是一封邀请函,邀请人们马上伸出双臂去和他握手;他的眼睛湛蓝而诚实,容易让人在他眼中看到自己闪耀的形象。"这场看来很好的旅行实际并不尽如人意——十八天的旅程是阴郁的海水、令人目眩的晕船和寒冷恐惧交织的一场艰苦劳动。虽然狄更斯和凯瑟琳险些陷入焦虑，但狄更斯还是能够像往常一样欣赏一些事物，并为读者追述——在船上待了几天之后，他写道："船长（从不上床睡觉，总是心情愉快）竖起大衣衣领又要到甲板上，走到哪里都跟大家握手；然后朗声大笑着离开，走进外面的风雨里去了，他欢欢喜喜，像是去参加生日宴会。"

抵达美国，狄更斯感到很兴奋，不只是因为船终于靠岸。他在那儿很受欢迎，加上他又批评英国社会，这两点让他确信自己很快就会和美国公民产生一种多年不见的亲人般的感觉，并且能够相互认同。双方原来都估计不可能举办太多庆祝活动——美国人已经准备把狄更斯的美国之旅安排得满满的：舞会、宴会、接风洗尘以及各种面见作者的机会。狄更斯已经习惯了一种熟悉的名人生活：处理公共事务，在私人时间里或工作或陪家人，以作为公事的点缀。但美国人对他的期望让他有点措手不及（虽然这预期在我们看来相当熟悉）。在波士顿、哈特福德（Hartford）、纽黑文（New Haven）、纽约和费城，有太多的盛会，太多的期待，于是狄更斯开始感到不自在。我们可以确认这是一场噩梦般的旅行，作者夫妇丝毫得不到宣传人员的保护，也没有任何经验以供参考。美国现代名人的所有特征一下子冒出来，很快就得到完全展现：大众觉得他们有权利随心所欲地盯着狄更斯夫妇看，关于他们性格特征的闲言碎语正在印刷当中。狄更斯夫妇感觉正在被物化、被追逐，还得被迫接受，大众对于作者的任何行为都心生反感，而不是感激和欢呼，最重要的是人们有一种设想，认为任何时候做个名人都肯定是一桩美事。

狄更斯很快就冒犯了东道主。他没有料到新英格兰保守主义，也没料到在波士顿遇到的那些势利者，他们持有地域性偏见，急切地要看到狄更斯的衣着打扮和谈吐方式，以验证他不是出身于绅士家庭。他身材矮小，一双大耳朵，语速很快——他不是美国人期待的杰出人物。另外，他几次愤怒地提到，美国报纸和期刊习惯于复印他的作品却分文不付。而这实际上却是标准的出版程序。对此，他做了电视机问世五十年后稍懂点媒体的人都认为大错特错的事——他发火了。这一反应很快见了报，对我们而言，此后的事是可以想见的。他饱受攻击,名声扫地,备受奚落。包括狄更斯在内的每个人马上彻底认识到,狄更斯是一名英国人,有着鲜明的英国人为人处世的方式。更重要的是,他是一个凡人,而不是一个理想人物,不是他书里面的叙事者,可以发出令人惊讶、抚慰心灵、和蔼亲切又虚无缥缈的声音,带着每期新出的杂志来到家里,在炉火旁落座,处处替读者着想。他只是一个独特的男人,并不总是那么可爱,也不总是那么明智甚至也不那么令人尊敬。因此,长期以来对这位名人的失望之情,在他成为首位伟大的媒体名人的同时,瞬间喷涌出来。他的作品许下的承诺很有个人特点:这个男人无论有多少精力和善意,都注定是要食言的。

此外,狄更斯这次旅行的意图,对美国人而言,是让美国人见上一面;对狄更斯而言,是要开开眼——像其他欧洲旅行者一样,他想看看有什么值得看的东西,他对社会机构有着特别的兴趣。社会最不幸的人们只受到一星半点的照顾,还经常被残忍地对待,为此狄更斯已经批判过英国。因此,在美国他特别关注孤儿院、学校、监狱和工厂。他参观了所有机构,印象尤其深刻的是像马萨诸塞州的洛厄尔（Lowell）①这类城镇里的工厂系统，在这些工厂年轻女工得到的是系统的管理，有体面的工资、住所，还有一定的自由。他结交了一些朋友，同其中的几位在之后的岁月里一直保持着书信往来。其中最著名的便是科尔内留斯·费尔顿（Cornelius Felton），一位出身贫寒、自学成才的学者，在哈佛大学教授希腊语，不是狄更斯在英国的大学不愿结交的那种学者。狄更斯还游历了南部地区——华盛顿、巴尔的摩、里士满和弗吉尼亚——亲眼见到奴隶制既影响了当地居民，也影响了城市氛围，这些负面影响让他很不舒服。他喜欢辛辛那提，不喜欢圣路易斯，讨厌密西西比河流域伊利诺伊南部地区，不喜欢乘河上的小船旅游，觉得这让人难受，还很危险（尽管在乘坐运河上的小船旅游时，他强打精神贯彻他的散步制度）。

凯瑟琳是一位顺从而有耐心的伴侣，实际上，她留给美国人的印象要比狄更斯好。狄更斯曾对人抱怨，嫌她上车下船总是磕磕绊绊，但一般情况下他也承认，她一直都不想参与这次旅行，但为了陪伴他，她日复一日

---

① 洛厄尔，美国马萨诸塞州东北部城市。以美国工业革命发源地而著称。

做着牺牲。见过他们的人都认为他们看上去很般配,是天作之合,在给朋友的信件中,他似乎对她也还满意。旅行即将结束,他们都急切地想收到家人的来信,也迫不及待地想回家了。

只有一次,在尼亚加拉大瀑布,狄更斯心满意足。他抬眼望着这"鲜绿色的瀑布"并"随即感到我就离造物主那么近站着,对这壮观的景象产生的第一印象,也是最难忘的印象就是静谧——一见倾心,铭记终生。心境平和安宁,静静地回忆死者,冥想永恒的安息与永久的幸福:没有丝毫阴郁和恐惧。尼亚加拉瞬间铭刻在我心上,美的化身留在心头,永远不变,无法销蚀,直到脉搏永远停止跳动"。他们在加拿大境内休息了十天,从各个角度欣赏大瀑布,有意避开人群(瀑布在加拿大境内的地区人烟稀少),让自己振作起来。打起精神之后,他们继续前往多伦多、蒙特利尔和魁北克,在那儿他们玩得更开心了,事实上在蒙特利尔,夫妇俩还在一家剧院参演了几幕短剧,这是狄更斯几年来没有做过的事,他很享受这次表演(他的表演获得了巨大成功)。

他们恨不能一步迈回家里。6月7日,他写道,黎明时分,他"跳下床"查看风向(他们要乘帆船航海回家,而不坐蒸汽轮船）。7月1日他们到了家。关于回家，狄更斯这样写道："坐着火车咣当咣当地穿行的时候，我们的国家看起来像一座欣欣向荣的花园。美丽的田野（看上去那么小！），田边的树篱和树丛，漂亮的田间小屋，一片片花坛，一座座古老的教堂墓地和一幢幢奇特的房屋，以及所有再熟悉不过的地方……多年的喜悦凝聚在短短的一个夏日旅程中，让人由衷地欢欣……"

如果狄更斯一生的大部分时间在我们看来都打着维多利亚时代的标记，对历史的兴趣也只是凭借了他的文学天赋，那么相比之下，这次美国之行似乎莫名地具有现代感。资本主义的新式出版机器将他的作品带到世界各地，将一个人及其声音带入一种个人同无数未曾谋面的人建立的关系中，而这些人觉得跟他很亲近，因为小说毕竟是这样一种热烈的体验：使读者拥有同另一个人的思想感情之间的长期的亲密感。但是作家和读者都误读了这一关系。读者误将作品当成了作者本人，而作家将名望与钱财混为一谈，没有意识到名利二者是不同的补偿，不一定能同时获得。他们在阅读作品时体会到的亲切感来自小说天然具备的力量，它超越了表面的种种界限而揭示了内在的生活，强调精神生活在某种程度上以一种愉悦而不实的方式与社会生活相背离。这是破天荒第一次,但是它具备了古往今来无数类似的故事所拥有的特征,无论所议论的艺术形式是小说写作、电影拍摄,还是电视播报。因此,夫妇俩回国所见对任何从美国到英国旅行过的人而言都很熟悉——景色宜人,干净整洁,像个大花园,而西部大陆更粗犷、更辽阔,人烟更为稀少。风土人情大不相同。我们许多人被美国的变化莫测所深深吸引,而狄更斯发现自己恰恰迷恋的是田野、村庄、个人生活以及英国的界限分明,在家乡时他从没如此清醒地意识到这一点。

狄更斯急切地要投入工作。他马上着手写作《游美札记》,携家人前往布罗德斯泰斯避暑。十四岁的小姨子乔治娜·霍格思(Georgina Hogarth),在姐姐、姐夫出国的时候一直帮着弗雷德照看孩子们,此时已被狄更斯纳为永久的家庭成员。她的出现让狄更斯想起了玛丽,之后的岁月里他一直喜欢她,让她照顾孩子的日常生活,料理家务。

《游美札记》进展迅速,主要因为他可以参考之前从国外寄给福斯特的书信。原本他写了一篇满怀恨意的前言,福斯特劝他删掉了。回国三个半月之后,这本书在10月出版了。英国的反响和销量都很令人沮丧,书中并未提及多少大众期望看到的趣事。美国的评论也充满愤怒,但是书的销量很好。不幸的是,正是由于他在美国的时候就开始争辩的版权问题,卖书所得他一分也没挣到。尽管如此,对比当时许多别的游记,现在看来《游美札记》的确是"狄更斯式的"。然而不如他最优秀的作品那么紧凑有力。这本书生动机智,不乏理性,讨论了一些在作者看来很典型的问题——监狱以及其他公共机构、奇特的人物和奇特的性格。狄更斯拥有超强的洞察力,远胜任何其他作家。《游美札记》因为这些精准的观察而从同类书中脱颖而出。但狄更斯对美国社会机构和自然风光的理解,远不如对英国甚至法国和意大利的了解那么精练深刻。他不爱那片土地,也没空同美国发展一段鲜活的关系。这本书缺乏一种真正的力量,显然在很多方面这次旅行都令人厌倦失望。在此后的《马丁·朱述尔维特》(*Martin Chuzzlewit*)一书中,狄更斯才成功地将美国融入自己的内心世界,并赋予它狄更斯式的鲜明特色和象征力量。

很显然,狄更斯从美国返回之际,已经拓宽了思路,知道在写作中应当有什么作为,同时也丰富了他对社会责任的认识。《游美札记》一面世,他便前往康沃尔(Cornwall)查看锡矿开采之事,为写《尼古拉斯·尼克尔贝》他已经看过一些学校。他发现英美之间的对比并不都有助于提升英国的名誉——美国许多社会机构在照顾公民特别是贫困户方面,比英国做得更好更全面,在新英格兰尤其如此。关于19世纪40年代的伦敦现状,有必要引用一段阿克罗伊德的文字——这种状况几乎贯穿了狄更斯的一生:

> 狄更斯的一生中,大部分岁月都生活在这样一座城市:死人的气息从首都的墓地散发出来,大人孩子因疾病或营养不良而死在这里;敞口的下水道和化粪池让瘴气散入雾蒙蒙的空气中,从一条通衢大道或令人仰慕的街道转向一片肮脏、穷困、死亡和悲惨的境域只需要很短的时间。这就是城市生活的一瞥,对我们而言如此陌生,几乎难以置信;但对于狄更斯和他的同辈人来说,却很常见,也很熟悉。

为把事情说清楚，请允许我再补充几句："城市里的墓地……越来越多……尸体高高堆积，彼此叠加在一起，有时竟能透过泥土散发出足以导致附近住户死亡的毒气。"阿克罗伊德引用了一位挖墓人的话："死人的腐肉有我膝盖那么高，我一直在尸体上跳着走，好把这些尸体塞进坟底，哪座坟的坟底都没什么空地，以后还要放进来一些新死的人。"

当然，狄更斯像任何一个维多利亚时期的人一样，对这种秽浊不堪的场景非常熟悉，这让他养成没日没夜地在街道徘徊的习惯，也让他乐于四处走动，他哪儿都去。可能当时的伦敦更像是我们今天的墨西哥城或者加尔各答，而不像是欧洲和北美的城市。当然，整个19世纪40年代大量穷困人口不断涌入伦敦——人口净增长达二十五万，当时伦敦市民的平均寿命只有二十七岁，死者中近乎一半是不满十岁的孩子。哈丽雅特·比彻·斯托（Harriet Beecher Stowe）因过分夸大奴隶制的暴行而在美国受到了批判，实际上她已经试图缓和叙述了，好让读者在阅读时更能接受。狄更斯的情况和她很像，他的所见所知比他笔下写出的还要多，只是他总是采取取悦读者的方式而不去冒犯他们。他的一个有名的愿望，就是不"让年轻人脸红"。这个愿望适用于描写恐怖的社会环境以及两性之间的事情。身兼社会革新者和作家两种身份,1842年年末的狄更斯比1841年的他更加雄心勃勃。

写完《游美札记》,因为急着给下一部连载找到合适的人名和标题,耽搁了一段时间。他试用了Chuzzlewig、Sweezleden、Chuzzletoe、Sweezlebach、Sweezlwag,最终选用了Chuzzlewit,这个名字能够让人想起各种别的东西,就像劳伦斯·奥利维尔爵士(Sir Laurence Olivier)所说,安上一个假鼻子就能让他开始了解一个角色所有别的事情。狄更斯存有很长的人名单,都是在墓地和报纸上可以看到的名字。在深入展开工作之前,他给所有事物取名字都很谨慎,包括他创办的期刊。许多像"福莱特"(Flite)和"戈皮"(Guppy)这样非常奇特的名字,都是真正的人名,选用的名字千奇百怪而且能引起人们的回忆,这情况就更加迷人。

《马丁·朱述尔维特》是狄更斯首部围绕一个统摄全篇的主题——这里指自私的各种形式和效果——所写的小说,故而标志着他脱离了早期较为个人化的、由角色主导的小说写作方式。《匹克威克外传》和《尼古拉斯·尼克尔贝》这两部小说都是以主人公的名字为书名,小说里,主人公频频去各地旅行,途中得遇各色人等,有大傻瓜也有老油条。奥利弗和耐儿也开始了起初便很黯淡、后来更为黯淡的旅程。但每个角色走向各自最终命运的进程是至关重要的,一个个小插曲、一次次历险和一再的偶遇可能有点随意。美国之旅让狄更斯对于自己和社会产生了更多独特的看法;更重要的是,让他的看法更为完整。返回英国的当天,他看一切都不那么要紧了,事物间的联系也更密切,似乎某种程度上能够被包容,可以被理解,也确实能够修复。改革的冲动可能起始于社会批判,但这些批判都取决于一个信念,那就是所犯的过失并非不能弥补——这儿出些钱,那儿努点力,别的地方再做一些改变,社会结构就会有改善。另外,社会结构的进步,诸如公共卫生、教育、选举改革或者别的什么都会产生更好、更有文化的市民,他们会更有集体关怀,远离邪恶与犯罪。换言之,人性,也只是有部分的错误,而不是不可救药的堕落与罪恶。在这一点上,狄更斯不同于像沙夫茨伯里勋爵(Lord Shaftesbury)那样的改革同伴。后者是福音派信徒,主张严禁罪恶行径,首要的便严禁卖淫、酗酒之类;他们教穷人读写,同时也进行严格的宗教教诫。两种类型的改革者都看到了身边的惨无人道以及社会混乱的危险，但狄更斯总是嘲讽福音派，说他们是在寻找罪恶和恶的本性，而不是阐释善良、同情、慈悲以及慷慨、仁爱等社会美德。社会可以通过推广仁爱和责任，通过发掘舒适与美而改良，而不是通过强行禁止。他利用《马丁·朱述尔维特》开始探索人际关系网如何发挥作用。社会疾患依然有其个人品质上的根源——比如自私——但他现在感兴趣的是这一品质的社会分流。

一切进展顺利。现有手稿和笔记显示，他写最初几期的时候，较之以前更为细心；来往信件也表明他对结果，尤其是对佩克斯尼弗（Pecksniff）和汤姆·平奇（Tom Pinch）非常满意。同时，他与库茨小姐的关系也日渐亲密。她有的是钱，而他精力充沛，愿意为她跑腿办事。

他为她做的第一件事是调查有名的"破衣烂衫学校"——即为那些赤贫的孩子们办的慈善学校。在《马丁·朱述尔维特》写作期间，他抽空参观了萨弗伦山（Saffron Hill）的田野巷（Fierd Lane）小学，向库茨小姐汇报那儿的情况并建议她可以用哪些方式提供帮助。许多人认为萨弗伦山是最差的"鸟窝"或者说是贫民窟，巧合的是，从写《雾都孤儿》那时候起，狄更斯对它就很熟悉。他说这就是他笔下费金创立的那所学校。初次参观时,孩子们的就学环境让他震惊了——臭气熏天,他的同伴只好立刻离开,于是他给库茨小姐的第一条建议就是,应该给孩子们一个洗漱的地方。改善通风状况,进一步扩大空间——这可以通过改善基础设施来实现,但是缺少福利组织的支持,的确,社会普遍相信国家有义务关心她的公民,即使库茨小姐的钱袋子再深,与之相比,也微不足道。狄更斯对这些破衣烂衫学校的看法有点矛盾:他觉得总体上那不是好学校,培训教师的机构十分匮乏。我们已经一清二楚了,但他却不能管这叫整个系统的失败,它反映了英国社会结构从乡村到城市、从传统到资本主义、从家长制到民主制的整体改变。不过,关于狄更斯有一点需要指出,那就是他依然无所畏惧。他为库茨小姐所付出的精力在逐渐增多,他在公共演讲中所树立的典范在稳步扩大影响,并且他的小说中所表露的雄心壮志也在日趋增长。

然而,他的抱负没有马上实现。《马丁·朱述尔维特》的销量迅速下降了。《老古玩店》热销十万册,而这部新作销量减少到两万,合同条文规定如果销量跌到一定水平以下,他就得返还一部分预付金。他欠了查普曼 - 霍尔公司的钱,《游美札记》也卖得不好,他要偿付的债务更多了。他家的人口在增加,他的父亲和弟弟们也嚷嚷着需要救济。在某种意义上他浪费了机会,没有紧跟《巴纳比·拉奇》,稳操胜券重复"狄更斯式"的艺术形式和主题,而是花了很多钱去美国旅行,因为美国非法盗印,书的销量并不能偿付这次出行的费用。狄更斯可能只得履行合同规定,给出版公司钱,这个想法让他火冒三丈,他宣布,以后再也不给他们写一个字!如同早先和本特利打交道一样,他已然觉得或者过早认定,自己被出版商们利用了,就像他被美国人利用一样,那是真的。销量还是没能回升。可能当时普遍的生意萧条是主要原因。无论如何,狄更斯决定用两种方法增加销量——不只设置一个强有力的小说的总括结构,同时还要有一点即兴花絮——他让马丁及其心腹马克·塔普雷(Mark Tapley)去美国寻找出路,结果当然是没有找到。这些关于美国的章节也没有像狄更斯希望的那样让销量一路飙升。最终,证明《马丁·朱述尔维特》是一次商业上的失败,并且评论界对此书褒贬不一。

不过,一个小说家在抱负越来越大的时候失去一部分读者,并不是什么了不得的大事。读者不会总是马上心甘情愿地跟随心爱的作家进入一部更复杂、前景更阴郁的作品,可能他们的阅读能力也不能总是瞬间提升;任何一位以写作为唯一挣钱来路的作家,都必须面对这种困境。狄更斯已经经历了自由,成为举足轻重的人物,享受了伴随热烈欢迎而来的热情洋溢的致敬;现在他才渐渐发现,这种自由并不是绝对的,并且通过销量和资助对艺术进行支持潜藏着腐化。比如,在今天,大学已不再感兴趣的艺术"赞助"和国家的艺术捐款受到保守派的攻击,他们一直断言市场是验证艺术价值的最佳方式。从小说写作历史来看,自狄更斯时代起,持久的文学艺术生产显然与市场成功没有什么关系,甚至可以说一点关系都没有,除非有出版商可以用一连串流行小说赚取的稳定利润为比较复杂艰深的著作提供出版资助,这是显而易见的事。当作品不能取悦读者时,就算最"忠实"的读者也会变得"不忠实"起来。

但是狄更斯寄托在《马丁·朱述尔维特》一书中的更大抱负显然也体现在它的失败中。他急于要强调自己的观点,于是不断地陈述,因而小说最初几章沉闷冗长。这种想要阐述自己思想、不给读者灌输成功决不罢休的倾向是《马丁·朱述尔维特》的一个特色,之前之后的小说都不具备。这证明狄更斯并不相信读者能够理解他迷恋的这一较大的主题,而这让小说枯燥又乏味。毫无耐心的评论家以《马丁·朱述尔维特》为"子弹",抨击狄更斯的丰富详尽不过是吃饱了撑的。

事实上,与之前所写的任何一部作品都不同,狄更斯企图尝试创作一种侧重主人公道德教育的小说——他的主题是年轻的马丁的道德教育,马丁出生于朱述尔维特家族自私的怀抱里,这一出身危害了他天真的本性,奥利弗、尼古拉斯和耐儿不曾受过这样的影响。叙事者怀疑马丁是否会走他表兄弟乔纳斯的老路,乔纳斯受这个家族濡染至深,"渐渐地,他开始颇不耐烦地将他的父母视为一定数额的私产,这财产没有任何自由行动的权利,理应紧锁在那个通常被称为棺材的特种铁皮保险箱当中,储存在坟墓里"。马丁的故事没有内在结构,既不像尼古拉斯的故事一样采取流行的情节剧结构,也没有用奥利弗式孤儿的叙事结构。马丁本人作为小说人物也不是特别有吸引力,他经常被佩克斯尼弗和甘普太太(Mrs. Gamp)那样没有新意的可笑的喜剧人物抢了风头,在自私自利与唯我至上的主题上,他们表现出来的差异让作者觉得更为有趣。

《马丁·朱述尔维特》的合订本卖得着实不错,书的扉页上写着"谨以此书献给库茨小姐"。狄更斯对此书与对《老古玩店》一样热情,无疑是出于同样的原因——这本书完美地表现了他写作时的精神状态。实际上,他正在思索统一的社会视角,这标志着一个严肃小说家进入成熟状态,因为小说最主要的是描写诸多个人如何融入或者不融入社会。这位小说家刚满三十岁,还没有深入提炼自己的思想,他不厌其烦地解释一些思想,有些很天真也很粗糙,出现这样的状况毫不意外。同时,他对故事结构一直很用心,又依赖自己的语言天赋、创造才能以及人物刻画能力,帮助克服困难,这些情况的出现,也毫不出人意料。他眼中的社会前景无疑是阴暗的,与人们所说的他对"人际关系"的认识正相反,而这自然有其根源,源头就是他目睹的身边的不公、苦难和麻木。在狄更斯生存的时代,小说还没有成为欧洲文学的主要形式,探索一个内容广阔的主题——发现世界,还需要很长时间;这一主题的呈现一般都始于第二个主题——发掘家庭生活。狄更斯自己最喜欢的小说,是亨利·菲尔丁(Henry Fielding)的《汤姆·琼斯》(狄更斯给他排行第八的六儿子取名为亨利·菲尔丁·狄更斯),

托拜厄斯·斯摩莱特（Tobias Smollett）[1]的《罗德里克·兰登历险记》（*The Adventures of Roderick Random*）和塞万提斯的《堂吉诃德》，狄更斯孩提时代便喜欢读这些书，常常伴随着主人公进行一次又一次的探险。实际上，主人公们发现的东西，远不如他们的信念重要，他们坚信一定会有所发现，无论发现了什么，都一定会非常有趣，予人启迪，至少能丰富人们的识见。这是在模仿欧洲探险者发现新大陆并进行殖民的事。在伏尔泰（Voltaire）笔下，历险的结局很痛苦，坎迪德（Candide）[2]回国了，决定自此之后开发自家的花园。探险文学假定了国内生活人人熟知，根本不值得回首一望。另外，爱上家庭生活的朱内贡（Cunegonde），起初激发了坎迪德的浪漫情怀，最后却以劳碌失望而告终，几乎不值一提。

狄更斯时代之前，沃尔特·司各特爵士的兴趣不只在于主人公及其冒险经历，还在于他所经历的世界中的社会环境和家庭环境，受司各特趣味的影响，家庭环境以种种方式变得如历险一般趣味盎然；在狄更斯的作品

---

[1] 托拜厄斯·斯摩莱特，18世纪英国作家，主要作品有《罗德里克·兰登历险记》（中译本译作《兰登传》）《佩雷格林·皮克尔历险记》。
[2] 伏尔泰《老实人》中的主人公，中译本作"憨弟德"。

中,家庭生活成为旅行的目标,也是摆脱无家可归的孤立和残酷的理想庇护所。狄更斯的男女主人公进行了多次旅行,但只有匹克威克俱乐部是自愿成行的。更多情况是主人公被驱逐出原来的家,被迫另寻他所。狄更斯的社会构想形成于对这一社会现象的承认:在他周围的世界,没有什么社会责任或慷慨大度的人性纽带可以连接阶级与阶级或个人与个人,并且政府只是为小部分公民说话办事,而大部分公民没有声音、没有权利更没有特权。相反,社会小群体,诸如家庭、朋友圈、剧团和盗窃团伙能够在孤立的个人和广大的社会机器间进行斡旋。但是他们的调停和友善可以在道德和精神上走上两条路,这要看他们是出于爱心与善良还是出于自私贪婪。在狄更斯所有的早期小说中,至少有一群人物展示了社会安全与舒适的可能性——匹克威克俱乐部成员、布朗洛先生一家以及尼古拉斯的家人和朋友。《马丁·朱述尔维特》一书以自私贪婪的群体为主题,马丁必须找到同这一股强流做斗争的出路。

狄更斯力图在《马丁·朱述尔维特》一书中达到近乎完美的凝练,使之受到大众欢迎并且具有《圣诞颂歌》中所使用的高度戏剧化范式。《圣诞颂歌》是狄更斯在为库茨小姐参观了田野巷小学几个星期之后突然构思的作品。在1843年10月和11月之间他一直在写《圣诞颂歌》，与此同时这部更长的小说也正连载到第十、第十一期；尽管他夏天曾赌咒发誓，《圣诞颂歌》还是由查普曼－霍尔公司出版了。12月初他交了稿，为的是应圣诞节的景。为了避免遇到各种合同上的麻烦，诸如因这部长篇小说销量低而引起的各种情况，他与出版商达成协议，先付一定的酬金再出版此书——也就是说，他要设计、编辑、出版这部书（很像现在的书籍装帧）。不幸的是，他既渴望故事大受欢迎，又渴望出一部工艺精美的书，这意味着书的成本会非常高，而他也再一次意识到，即使最终销量很好，他也只能获得少许利润。

和《马丁·朱述尔维特》一样，《圣诞颂歌》也关注自私的社会分流，但是青年马丁与老年马丁的性格在埃比尼泽·斯克鲁奇（Ebenezer Scrooge）身上融为一体，他在一个晚上遇到了三件事，其道德之旅具有揭示的力量，而不是牛拉大车式漫长乏味的艰辛旅程。其中一些叙述源于狄更斯一个鲜活的梦，当然，用梦境作为结构方法的思想也有其源头。三十一岁的狄更斯显然处于一种相对躁动的心理状态。担心钱不够花，同时还有家庭责任的压力，凯瑟琳又怀上了第五个孩子。他已经发现在田野巷小学的经历很棘手，他肯定意识到了，他和库茨小姐已经无法利用基金来完成更大的任务。他正在经历一次公认很失败的连载，同时与父母和出版商又冲突不断。每一个文学形象都是改头换面的作者本人，就像拉尔夫·尼克尔贝和丹尼尔·奎尔普是"狄更斯式的"人物，所以，埃比尼泽·斯克鲁奇就是狄更斯，对他来说，金钱本身可以提供安全感，脱离伦理关系所赋予的义务可能会获得某种形式的平静。

这则故事因为无数次表演、数不清的讽刺画和讽刺诗而为人熟悉。实际上，刚一出版，盗版商们就开始盗用狄更斯的人物和思想了。但是，使《圣诞颂歌》达到预期效果的是他轻松愉快的笔触——这部中篇小说大受追捧，以至狄更斯最自觉的文学对手萨克雷，称其为"国家之福"。狄更斯的道德观念并没有像《马丁·朱述尔维特》那样给人留下深刻印象，他乐意（或者说更乐意）让他的人物形象自己说话。比如，斯克鲁奇忙完生意之后回到家，在门环里看见雅各布·马利（Jacob Marley）的脸："马利的脸。院子里别的物件都在一团漆黑当中，只有这张脸，四周有一丝微弱的光，犹如阴暗的地窖里一只坏了的龙虾。"接着他上了楼梯,眼前出现一辆灵车,但是除了他手里的烛光再也没有光亮——"斯克鲁奇走上去,对此毫不介意:黑暗是廉价的,他喜欢黑暗"。接下来一连串斯克鲁奇不愿相信的神秘声音之后,马利本人现身了,狄更斯对他的描写简练但恰如其分:"马利拖着小马尾辫,穿着家常马甲和紧身衣,足蹬长靴,靴子上坠着密密的流苏,就像他的马尾辫,像他的大衣下摆。他拖着的链子长长的,绕着他紧扣在腰部,像一条长尾巴。链子(斯克鲁奇进行了密切观察)由小储钱罐、钥匙、挂锁、账本、契约和沉重的钢制钱夹子组成。他的身体是透明的:结果斯克鲁奇盯着他看的时候,透过马甲,可以看到大衣背部的两粒纽扣。"这些细节描写不仅惟妙惟肖,令人对主题产生共鸣,而且不会让人感受到丝毫自我炫耀的傲慢。情节剧式的描写很少让人信服,因为人物的举止和作者的语调夸张而不是减弱了要表达的情感。在这里,狄更斯的描写强调了斯克鲁奇对场景内涵的抵制,强化了我们对斯克鲁奇既冷漠又勇敢的印象。另外,与其让斯克鲁奇的感受弄乱了画面,倒不如这样使读者更清晰地看到正在发生的事情。每一行字都不只涵盖一种文学功能,那是狄更斯最优秀作品的品质证明。在他太过努力的时候,每一行字都起不到什么作用,这只是因为他在不断推敲,直到确认读者明白了才肯罢休。紧接着在下一个段落,狄更斯提供了一个让人放声大笑的场景——"斯克鲁奇经常听说,马利没有内脏,之前他从不相信,现在他信了"。我们相信斯克鲁奇的精神状态是混乱的。他洞察力强、机警灵敏、恐慌不安,但是又狐疑不信、固执己见、爱笑话人,最重要的是,他有好奇心。这一幕是叙述性描写的杰作,同时表达了谁在看、看到了什么以及叙事者对此场景的态度,这一点也只有叙述可以做到。

狄更斯偏爱采用短篇小说的形式,他凭直觉明白了,在凝聚焦点和展现范围方面,短篇小说与剧本类似,但短篇小说给小说家提供了深入探索一种思想的机会,一定程度上可以从容不迫地进行。他似乎已经能毫不费力地控制想挣大钱的禀性,连载的出版形式既验证也支持了这一点。作品的音乐模式(歌曲不只是影响了书名,小说的每一部分也都被称作一个"诗节")给他一种沉着自信的节奏感和匀称感。作品的风格无拘无束,但是这种自由受到情节紧凑的限制——首先,与斯克鲁奇一道蔑视别人,最后,与斯克鲁奇一起欣然接受别人,两者得以平衡。当然，那三个梦——斯克鲁奇已经忘却的、正在失去的以及如果他坚持这种愤世嫉俗的方式可能会发生的，最终自然而然地落进过去、现在和未来之中。《圣诞颂歌》当中的哲学和心理学对我们现在而言非常熟悉，以至我们忘了在狄更斯所处的年代，他的观点与当时关于精神状态的起源与作用的简单认识是相左的。的确，思想在财富、社会关系和阶级差异等客观环境中的变换，起始于个人内心，继而在物质条件的变化中外在地表现出来。这种思想与开始被边沁（Bentham）、马克思和恩格斯等政治思想家所采纳的决定论和唯物主义相反，他们在同一时期也在从事这方面工作。实际上，卡尔·马克思似乎是狄更斯的忠实书迷。但是狄更斯以圣诞为主题的作品［特别是《圣诞颂歌》《钟声》(*The Chimes*)《着魔的人》(*The Haunted Man*)］对于必要的社会变革将源于何处这一问题，回答日趋具体而尖锐。掌握权力或者在社会权力所在之处进行改变，还远远不够。有了权力还必须有一种与他人的内在关联感。在狄更斯的工作生活中，这种感觉来自作为仁慈典范的耶稣。《圣诞颂歌》中，狄更斯完满地理解并成功描绘的真相就是，生命是通过内心的改变来作用于其上，而不是经由环境的改变而改变。

让狄更斯如此震惊的环境构成了对他那个时代政治与哲学的主要挑战。小说像其他任何一种艺术形式一样,做出一个本能的哲学断言——个体的精神生活值得剖析,存在于个体与个体之间、个体与群体之间的分裂不仅可以被理解,而且通过个体的改变和行动可以得到解决。狄更斯将他的画布越铺越大,因为他本能地认为他感兴趣的社会困境的复杂性肯定不能用缩略图进行描绘。其他思想家,而不是小说家,关于个体与个人主义的意义有不同想法,但狄更斯所选择的形式,无论是在艺术上还是在个人方面,都让他承担起一个他究其一生要急切解决的哲学问题。关于狄更斯真正的政治观念而引发的论战,在我看来,基本上是由于这样一个事实:一个小说家总是日渐看到很多棵树,而不是整个森林,他对一股脑解决所有问题的办法无动于衷,却多少都会赞成逐个解决问题的方案。

最初六千册《圣诞颂歌》因为出版的花销,盈利不多,狄更斯陷入了恐慌。他给福斯特写信说:"我度过了这样一个难熬的夜晚!在对高烧(指一种严重的、令人神志昏迷的疾病)的所有恐惧消失之前,说真的,我以为自己再也起不了床了。"继而又补充道:"不可能再希望得到人间的救赎,我要破产了。"他开始坚信必须把妻子、妻妹和五个孩子迁往欧洲大陆,在那儿,他们可以生活得更简朴,狄更斯也可以写很多关于旅行的文章。阿克罗伊德指出,狄更斯害怕频繁现身。他不想滥用观众对他的欢迎,也可能会以为《马丁·朱述尔维特》的销量持续走低就是因为自己露面太多的缘故。

结婚七年了,凯瑟琳怀上了第五个孩子弗兰西斯(Francis),这次怀孕似乎已经表明狄更斯对妻子态度的转变。他担心没钱花,又急切地要出国,因此而流露出的烦躁不安与她的笨手笨脚、情绪低落发生了碰撞。他好像为她怀孕带来的不便以及产后身体不能很快复原而数落过她。共同生活的压力加大了他们性情的差异。过去他曾欣赏的平静温和之处,现在开始让他不耐烦起来,并且有意对朋友们表现出对她不耐烦的样子。他还经常拿乔治娜·霍格思和她做比较——乔治娜做事更利索也更年轻,或许比她姐姐更能够分享狄更斯的精神生活。三个人之间的平衡在转移,此时的狄更斯似乎已经开始对年轻女郎们有短时的爱慕。其中第一位是他在利物浦演讲时遇到的芳龄十八的姑娘,名叫克里斯蒂安娜·韦勒（Christiana Weller），他在她的纪念册里写道："我爱她可爱的名字，它为我赢得声誉，但是上帝，要能让她改名我是多么高兴。"几周后，狄更斯的一位朋友汤普森（T. J. Thompson）对他说想娶克里斯蒂安娜，狄更斯请求汤普森保存她和他初见时穿的那条长裙，就像狄更斯在玛丽死后保存了她的一条长裙一样。

1844年6月底，狄更斯全家离开英国去欧洲大陆的时候，可以说生活的各方面都是一片混乱，包括他与出版商的关系。随着《马丁·朱述尔维特》的收尾，他告别查普曼-霍尔公司，加入布拉德伯里-埃文斯（Bradbury and Evans）公司，对于十五个月前要他退还《马丁·朱述尔维特》部分预付金的提议耿耿于怀。财务、家庭生活、同父母的关系、工作的方向、感情上的倾向，当然，还有家事的安排，所有这些都充满变数。他决定让这些令人焦虑的事在热那亚（Genoa）有个了断，在那儿的郊区，一家人住在一幢大房子里，可以俯瞰大海。

第三章

在写完《马丁·朱述尔维特》之后、开始写《董贝父子》(*Dombey and Son*)之前的这两年时间里,狄更斯用不同方式尝试了几件徒劳无果的事,反映出要养活一个人口众多的家庭,他有多么的焦虑不安。其中第一件,自然就是迁居热那亚,首先到了巴尼勒罗别墅(Villa Bagnerello),接着在冬季来临时,又迁到皮谢尔宫(Palazzo Peschiere),那儿的天气暖和得较早。在意大利逗留期间,他写下了《意大利风景》(*Pictures from Italy*,即将在1846年出版)。10月,因为急于复制《圣诞颂歌》的成功,他开始写《钟声》,这部作品与上一部主题相似,但是具有更鲜明的讽刺意图。特罗蒂·维克(Trotty Veck)是一个穷困潦倒的售票员,业余时间里给人们送信,也做一些零活,他碰到一个信奉边沁学说的地方法官和一个无所事事的绅士和他搭讪,绅士用很功利的字眼谈论饮食和生活。之后,关于自己的未来他产生了一种梦象或者说幻象:自己死了,女儿拼命工作,她的未婚夫还是一个酒鬼。狄更斯再次表达了自己的观点,即内心的形象创造了世俗环境。当时有一种功利主义的,或者说清教徒式的,或者说托利党式的看法,即穷人没有理由生存,他们生来具有犯罪的倾向,对富人来说是一种负担。要欣然接受这一观点,就要创造一个极有可能应验的预言——人们不仅过着愁苦堕落的生活,他们还因为相互猜疑和唯我主义而彼此分离。只有团结起来、包容谅解并满怀希望才可以阻止这种后果。《钟声》不如《圣诞颂歌》受欢迎,在当时还很有争议,但是它的销量很好,狄更斯很快挣了一千英镑。像往常一样,这一作品忠于他写作时的精神状态,因此他相当满意,为了这本书的出版事宜,还不辞旅途劳顿,独自乘车返回了伦敦。

他一返回热那亚,便开始研究催眠术。有一位英国女士,名叫德拉茹夫人(Madame de la Rue),她长期患有几种疾病,弗洛伊德可能称之为歇斯底里,我们或许叫它精神分裂。狄更斯成功地对她施行了一次又一次催眠,在此期间,他诱导她说出相关背景情况并对她进行指导。她的状况有了好转,在某些方面让人匪夷所思,但狄更斯相信自己能够"治病",这一信心从未减退。德拉茹夫人一直有一个幻觉,她相信夜里会有人来拜访她。狄更斯坚持认为,他最终可以在很大程度上长期减弱她这一信念。这种"关系"对于狄更斯自然具有不可抗拒的魅力。首先,他对精神病病原学和极端性特质一直兴趣浓厚，而此时他开始与之产生一种非同寻常的密切关系；其次，他的"治疗"在起作用，他承认，这给了他力量；再者，这是同一个女人的关系，因此可能是亲密关系，也可能是柏拉图式的精神恋爱。我们惊叹的只是，狄更斯生命中出现的某种事物，就像他在美国的名人遭遇一样，如何再一次神秘地预示了我们这个时代的一个普遍特点——治疗关系。狄更斯应该能预见弗洛伊德言之有理，因为弗洛伊德喜欢狄更斯，还因为弗洛伊德和狄更斯都是具有高度洞察力的讲故事高手，能够深度解释微不足道的细节和行为，特别是凭借不断重复、无意识行为以及习惯性互动创造出具有关联意义的世界。但是狄更斯为德拉茹夫人进行"治疗"的乐趣和兴致引起了凯瑟琳的反对，或许是她长期以来第一次反对，尽管她的反应激怒了他，他最终还是冷却了这段治疗关系。假如环境有所不同，或许"治疗"会同表演一样，是狄更斯可以开发的一项伟大才能。

在尚未真正放弃旅居国外这一念想的日子里，狄更斯会定期返回英国，忙着做另一项最终没有结果、也无助于恢复其名誉的项目：创办一份日报。狄更斯的新出版商——布拉德伯里-埃文斯，满怀着对激进派的同情，认为此时创办一份新报纸以对抗《泰晤士报》(*Times*)和《先驱晨报》(*Morning Herald*)是一个不错的机会。许多资金来自铁路公司,而当时与科技有关的新闻正在转向铁路方面。围绕《钟声》引起的争议最终赢得了丰厚的回报,反响也很热烈。如何更好地在此基础上有所作为,而不是令著名的狄更斯成为一个让自己的开明观点受机构制约的报纸编辑?狄更斯对此事照样是满怀热情,积极地参与初刊的方案制订。他雇用了编辑团队(包括他的父亲约翰·狄更斯,被任命为议会报道员的经理)。结果遇挫,有位出资人破了产。狄更斯辞职了。但是投资人重组团队,找到了更多资金,于是项目又得以重新启动。

与此同时,狄更斯写了第三本以圣诞节为主题的书《炉边蟋蟀》(*A Cricket on the Hearth*),此书毫无社会深度,只是讲述一个上了年纪又爱吃醋的男人和他年轻妻子的故事。在阿克罗伊德看来,这可能是狄更斯本人婚姻生活的改编,不过将性别做了对换。关于这本书,有两件事很重要。其一,创办报纸影响了狄更斯在小说写作上投入的时间和注意力;其二,它取得了商业成功,销量是《钟声》的两倍。这些圣诞题材的书,更加清晰地建立起狄更斯与公众的直接联系,这对他至关重要,当

《每日新闻》(*Daily News*)第一期开始有了眉目，这种关系就更为重要。

1846年1月21日是出版的首日，事情不太成功——出现了印刷失误，文字也有错；狄更斯对他的编辑团队和自己的工作安排很不满意。很快，形势变得明朗起来：这个项目不能按原计划展开工作。于是在2月9日，狄更斯又辞职了。事实上，大多数合伙人都认为他应该辞职，因为一份目标远大的报纸有太多的日常琐事，而他不太适合处理这些细节问题，他生性不会把编辑事务委派给他人去做，做周刊月刊时已经显示出这一点。尽管如此，最初的过渡像是一场危机——狄更斯已经尽可能地按自己的设想组建了编辑队伍，约好了文章，没有他，报纸能否继续存在仍是个问题。但是危机过去了，约翰·福斯特来这儿做了九个月的编辑。之后，报纸不断发展，在业界扎下根来，一直到20世纪还在出版发行。狄更斯性格中的矛盾之处在这次斗争中暴露无遗——他感情用事，精力充沛，丝毫不愿受约束还总想指责别人，同事们抱怨他没有做好自己分内的事，抱怨说他无心再做下去了。显然，编辑一份日报，尽管符合狄更斯性格中的商业性、社会性和政治上的爱好，却并不能满足他艺术创作的更深层次的需求。

狄更斯决定再到欧洲大陆住一段时间,这次他选择了瑞士的洛桑。他们夫妇现在又有了一个儿子阿尔弗雷德(Alfred),这是他们的老六,第四个男孩,出生于1845年10月底,狄更斯时年三十四。十年之内,他写了六部长篇小说、三部短篇小说,不包括他偶尔动笔写的一些作品。他是六个孩子的父亲了,还在同库茨小姐合作从事慈善项目,最著名的就是失足妇女的改造之家——乌拉妮娅小屋。他还在一些需要付出很大努力的剧目中担任导演、出品人和演员〔1845年,狄更斯和友人出品了本·琼森(Ben Jonson)①的《人人高兴》(*Every Man in His Humour*)〕。他精力充沛、善于交际以及充满活力的特点依然打动了大家,这里说的大家,还包括他的孩子们,他们后来回忆说,在孩提时代,他是那么有趣,同他们一起玩耍、一起聊天、逗他们开心,满怀爱意倾心照顾他们,赢得了他们的尊敬。

洛桑是一座整洁、静谧而漂亮的城市。到那儿之后不久,在1846年6月底,狄更斯又开始了自己真正的

---

① 本·琼森,17世纪英国抒情诗人与剧作家。

工作，动笔写作《董贝父子》。与写《马丁·朱述尔维特》时一样，他已经谨慎地对这部书的结构做了整体规划。从一开始，他就试图介绍一些带有自传性质的材料，以他儿时相处的一位妇女为基础，来塑造保罗的"保姆"皮普琴太太（Mrs. Pipchin）。但《董贝父子》不同于之前的小说，它的主人公，那个要被改变的人，已经成年，与斯克鲁奇有几分相似，而不同于早期作品中的许多年轻男主人公。这种选择很快让小说结构连贯起来——董贝是一个有家室的成功人士，有他的生活模式，有他的一帮熟人，还有一种很特别的日程安排。正是他的主见和骄傲构成了其他角色的世界。

与其他几部19世纪的作品一样（比如同时出版的《名利场》《玩偶之家》和《伊万·伊里奇之死》），《董贝父子》关注家族关系的商品化。狄更斯开门见山地写出了董贝对他女儿弗劳伦丝（Florence）的评价，他在第一章写道："对董贝父子来说，女孩子算什么！就家族的名望和尊严的优越性来讲，这样的孩子是不值得用来投资的小钱——一个坏孩子——仅此而已。"保罗·董贝（Paul Dombey）出生时，这个男人同他父亲一样心满意足，颇为自豪，他从孩子身上并没有体会到当下的喜悦，只是将其看作未来的商业伙伴。他没有耐心让孩子经历生病、受教育这些必要阶段,奇怪的是,他压根就没有注意到保罗的实际状况——纤弱敏感,体质很差——得知这一情况他大惊失色。他也没有感受到他这心肝宝贝的爱,这孩子一直由别人照管,在爸爸面前缩手缩脚。他嫉妒保罗和弗劳伦丝之间的相互喜爱却也无可奈何。这情景叫他妒火中烧,以至常常刁难弗劳伦丝,却没能让他产生任何自我怀疑与反省。关于董贝,尤为有趣的是他从未追查过这种骄傲和疏远的缘起。富商的身份足以解释他的所作所为及其原因。正是董贝源于商业生活的性格特征使其与斯克鲁奇区分开来,也让《董贝父子》较为尖锐地批评了资本主义人际关系。

狄更斯对《董贝父子》最初几期很满意,但发现后续难度很大。他将此归咎于远离伦敦的缘故。他写信给福斯特说:"在伦敦待上一天就能让我康复,重新开始。但是写作的艰辛劳苦太难熬了,日复一日,又没有那盏神灯!!"尽管如此,主题、故事以及最重要的风格,在新作中都结合得天衣无缝。一部伟大的小说,如同其他任何事物一样,是通篇风格流畅、言辞得体的一种演练,所有人——狄更斯、福斯特、其他友人、评论家以及大众——都承认随着第一期的出版,狄更斯开口发出了最尖锐、最简单,也最流畅的声音。开头几段就毫不费力地吸引了我们,文思巧妙,而且笔墨经济。那场景就像电影的特写镜头,有着片刻的寂静和亲切感。父亲坐在炉火边,紧挨着刚出生的儿子,儿子在摇篮里,离火很近。两个人都是光头,脸色发红,不是很漂亮;二人都易受时间的摧残。很快,我们不仅将他们当作书中角色和故事代言人,还把他们当作思考的对象。这一邀请优雅而平淡——儿子被比作松饼,新生儿的面庞"一般来说,有点像皱皱的、被弄脏的松饼,眼下是这样";但通过在婴孩和男人之间进行最简单的比较,狄更斯勾勒出一个栩栩如生的人物:"儿子的面部用一千条细小的皱痕反反复复打了很多个叉,蒙人的时间,乐意用大镰刀刃把它渐渐磨平,好为进一步手术做表面上的准备工作。"

狄更斯的笔调和风格都丰富多变,在这两方面他总是那么出色。他可以写滑稽剧、情景剧、闹剧、童话、自白书、讽刺剧、短诗、浪漫文学作品,可以进行详细的类比和方言模仿。他留心各种对话,无论是书面的还是口头的。他不总是使用高雅的文风,为此还受到了时人的批评。人们也不总是认为他能够掌控自己的素材,相反有时还会指责他太过兴奋，变得多愁善感或者寡然无味。当然，《马丁·朱述尔维特》一书莫名其妙地使用大量拟人和比喻已经考验了他的读者。但是在《董贝父子》整整九百页的篇幅里，他表现出来的掌控能力却出人意料。对于一个以连载形式出版作品的小说家来说尤其罕见。某些批评家已经指出，这部小说的人物"狄更斯味儿"特别浓——指的是他们看起来栩栩如生，但多有重复，行为几乎是机械化的一成不变。只有最极端的挑战可以将其拽出惯有的言行模式。这可能是因为小说是一种生动的场面，这种"狄更斯式"效果比在别的小说中发挥了更大的作用，因为角色个性鲜明，作者不得不变换人物说话的语气和叙事风格。但是《董贝父子》的风格照样成功处理了所有这些情况。比如第二十九章，董贝的姐姐告诉托克斯（Tox）小姐董贝和埃蒂斯（Edith）订婚的事，这是一个欢乐场景，两个女人之间、正在窥视的姐夫拜戈斯托克（Bagstock）老爷和信奉东正教的仆人之间相互排斥的观点完全暴露出来，形成鲜明对照。只是在最后一段才简短优雅地用叙事者自己的声音消除了冲突："如果说托克斯小姐讨好巴结，爱拍马屁，至少她诚实可靠，始终如一，曾对严厉责备她的人产生过忠实的友谊,曾经一心一意沉浸在为董贝先生的庄严而献身的念想中——而可怜的托克斯小姐此时被排除在外,只好以泪水浇灌她的花草树木,觉得身处公主宝殿的冬天。"

一般情况下,人们经常批评狄更斯的人物角色"不现实"或者"不丰满",尤其是女性角色。当然,他们会拿这些角色与乔治·艾略特(George Eliot)或者亨利·詹姆斯(Henry James)的小说人物相比。无论这种对比是缘于狄更斯自身缺乏的某种东西,还是由于狄更斯展现的东西其他人也不具备(比如喜剧化的夸张),他的人物似乎都常常比那些现实主义小说家莫名地更接近生活。而有些读者认为一些角色不断重复的名片是标准单一的证明,实际上,让一些喜剧化的小人物口出妙语,或者翻来覆去做一些事以让自己出彩,是一种标准的文学手段。另外,这些名片是浪漫文学以及体现精神历程的文学作品的特征,比如《天路历程》(*Pilgrim's Progress*)中一个不出彩的主人公,遇到了考验的化身、挑战的化身或者一些优良品质的化身,为了到达目的地他必须具备这些品质。从匹克威克到埃丝特·萨默森(Esther Summerson),狄更斯有许多天真的男女主人公显然在遵循这一写作传统。进一步讲，小说作为一种文学体裁，在主题和形式上有很大的发挥空间。用散文形式写小说似乎使之更自然地具有"现实主义"特征，而实际上，它可以使用任何一种叙事方法。狄更斯不断使英国小说偏离标准的现实主义，与此同时，也让小说偏离了对英国中产阶级的描写。他扩大了小说的社会视角和经济视角，同时他不考虑阶级地位或写作风格是否得体，因而拓展了语言资源——他让叙事者和大批角色说许多种语言，其中相当一部分充满诗情画意，它们本身削弱了形式上的"现实性"。他要求，或者说允许读者将他周围生活的大部分看作非常重要、值得写进小说的事情。因此他也拓展了小说本身的读者。

对此需要多说几句，指出狄更斯在英国文学从以乡村为基础到以城市为基础的写作转变过程中的关键地位。狄更斯的著作不仅上承《天路历程》，而且下启托尔斯泰、弗洛伊德和卡夫卡，这三位作家受狄更斯影响至深。狄更斯的许多角色似乎都可以诊断为至少貌似不伤害别人的神经症患者，有时也会出现有谋杀倾向的精神错乱，或者饱受折磨的强迫症，或者躁狂抑郁症，他们露面的方式具有重复性，显而易见是精神障碍，被解读为社交功能障碍。喜剧的一面是，这些角色努力克服因个体社交功能障碍而导致的孤立状态，彼此有了交往。悲剧的一面是，他们实际上并没能克服，而是忍受着更深刻的孤立和死亡。问题不在于狄更斯的人物是否像奥斯汀的一样是"现实的"，而在于他是否为这些困境的根源和解决方法提出了令人信服的理由，多数情况下，产生困境的根源及其解决方法都很偏激且具有戏剧效果。的确许多人亲身经历过这些困境——生存还是死亡的命题解决起来极具挑战性。比如，卡夫卡经常写到他与父亲的冲突，仿佛到了不是你死就是我亡的地步。弗洛伊德用生动的语言描写了"狼人"和"朵拉"（Dora，据大卫·科波菲尔第一位妻子的名字命名）的痛苦，尽管对一般读者来说他们的问题似乎都可以忽略。狄更斯最擅长形象地展现内心斗争的戏剧性。有时是真实的心理斗争，像斯克鲁奇或埃蒂斯·董贝的经历，其他几次似乎是社会斗争或政治斗争，像《巴纳比·拉奇》和《雾都孤儿》里描写的那样，但解决之道总是首先产生自人物内心，继而才存在于社会关系当中。狄更斯与陀思妥耶夫斯基或卡夫卡之间的差异与社会和政治世界的持久性有关。狄更斯所反对的，也是他在关注的社会事物中日益感到沮丧的,就是毫不掩饰地抵制英国社会的改变,正是这一点让他的小说世界有给人安慰又令人发笑的稳定性。环境不改变,但人们会改变;因此狄更斯及其创造的角色和他的读者们都得到一些慰藉,并且不受那种令人胆战心惊的眩晕感的损害,这种眩晕感是后来的欧洲文学的一个特色。

查尔斯·狄更斯是一个藏而不露的人。熟人、亲友和孩子们经常议论说他能屈能伸,他急于观察别人,自己却并不评头论足。在我们这个时代,人们明白伟大的名人多有秘密,因为对于生活在媒体眼皮底下的名人来说,很难做到让私生活保持在自然的中间地带。当然,讳莫如深作为名人的一方面,在狄更斯的生活里也会间歇地发挥作用——尤其在旅美期间,他在美国的拥趸比英国书迷更具有侵犯性。但是狄更斯的大部分隐秘行为都有更深的根源,并且对他有更持久的影响。事实上,现代读者对狄更斯早年生活的了解要多于他的同辈人,包括他的妻子孩子,正是因为他特别注意保守自己家庭出身与童年经历的秘密。对此,有几个方面的因素。其一,狄更斯并非名门望族出身。父亲约翰·狄更斯时常身无分文,尽管有过几份工作,做得也很好,但是挣的钱经常不够花,并且还养成一个习惯,就是除了跟狄更斯借钱,还试图背地里卖儿子的手稿和签名来赚钱,或者跟狄更斯的朋友们接触,向他们贷款。狄更斯母亲伊丽莎白·白洛(Barrow)·狄更斯,其父叫查尔斯(Charles)·白洛,在海军薪酬办公室当办事员。1810年,约翰和伊丽莎白的第一个孩子范妮(Fanny)出生那年,查尔斯盗用了几千英镑公款,事发后,他赶在被捕之前逃往国外。狄更斯的先人大多来自服务阶层而不是书香门第,也不是殷实之家。美国人改换门庭的常规道路或必经之路,在英国走起来要艰难得多,尤其是在狄更斯时期的英国,当时这个国家正在经历一场大范围的社会变革。狄更斯的朋友——麦克利斯、麦克雷迪、威尔基·柯林斯(Wilkie Collins)和福斯特——都像他一样是凭借自己的头脑拼命奋斗而发迹的人。但是尽管社会经济地位有了提高,他们仍遭遇到一些较保守的社会力量,因为他们的杰出成就而尊敬他们的男男女女,对他们的衣着打扮、受教育程度,或者言谈举止的看法都有所保留。比如狄更斯花哨的着装经常被认为有某种下流社会的影子。在英国社会里,过人的才智和无穷的魅力都能让他所向披靡,却不能让他在无形当中被完全接受。标志之一就是后来他女儿想嫁个好人家时遇到的困难。综上所述，狄更斯对于自己出身的守口如瓶和被羞辱感是对英国社会生活封闭且看人看出身的特点做出的现实反应。

但是令狄更斯感到被羞辱的不只是社交上的尴尬，《董贝父子》写完之后的几个月里，他似乎已经本能地明白，作为艺术家，他的成长依赖于挖掘他的童年并揭露一些经历。《董贝父子》的成功，在几个方面为此提供了机会。一方面是好评如潮，获利极丰，并且狄更斯同布拉德伯里－埃文斯公司签订的合同条款也意味着他大赚了一笔。他开始有了经济安全感，后来也一直如此（尽管他间或焦虑不安，晚年尤甚）。另一方面是通过描写皮普琴太太，他已经完成了批判童年的一个片段，他也喜欢写这事。从《董贝父子》显示的证据看，他将她归纳得恰如其分——作为成年人，他逐渐理解了她，也明白他能左右那个孩子气的自我，并且体验到一次小说写作的特权——将丰富的早年经历敷衍成文。似乎不能否认，狄更斯感觉同他先前的朋友德拉茹夫人有亲密关系。同样不能否认，他帮她找到了一条从杂念和恐惧的烦恼中解脱的道路。此时他准备做一些自己熟悉的事，以他惯有的精力开始动手。动机之一无疑是他姐姐范妮的死,她死于肺结核,年仅三十八岁。

1848年3月底,狄更斯写完了《董贝父子》,最后一期4月刊出,小说合订本也同时出版。4月,为做慈善,他购买了莎士比亚在斯特拉特福(Stratford)的出生地,和几个朋友上演了八场《温莎的风流娘儿们》(*The Merry Wives of Windsor*)和一部闹剧。凯瑟琳又怀上了老八,她的六儿子[五儿子西德尼(Sydney)刚刚两岁]。正如弗雷德里克·W. 杜比(Frederick W. Dupee)所记载:"她隔不了多久就给他生个孩子,他开始越来越多地公开表示沮丧……"现代读者一定奇怪,他怎么能期望她不生孩子呢?但是19世纪的资料显示,当时并未从根本上解决生育权和生育选择权的两难境地。阿克罗伊德仅仅指出,尽管狄更斯的朋友威尔基·柯林斯被认为是依赖于伦敦生活的丑陋面,并且狄更斯对于柯林斯的举动未加批判,甚至还流露出某种兴趣,但没有迹象表明狄更斯自己在性生活上有任何不得体之处。他坚定地信奉维多利亚时期理想的家庭男女伙伴关系,只不过他最终发现所找的伴侣越来越不称心。

在此期间,不清楚具体什么时候,狄更斯开始写自传。据福斯特说,留下的残稿约有七千字,没有一处订正,没有表现出强烈的感情,也没有多少早年的想法。自传的主题是他在其他场合从未提及的一段经历,此后也成为他早年生活中最有名的一段——十二岁时,年轻的查尔斯辍了学,被送去一家鞋油厂工作,他站在鞋油厂一扇小窗户后,往瓶子上贴标签,过路人可以透过玻璃窗观看他做活儿。华伦黑鞋油厂位于伦敦泰晤士河畔,在亨格福德斯泰斯(Hungerford Stairs),邻近斯特兰德(Strand,紧挨着亨格福德市场,后被拆除,查令十字火车站建于其旧址之上)。现在提到这个地区我们会想到旅游和购物,但在邻地重建、特拉法加广场(Trafalgar Square)建立之前,这里破旧又潮湿。并且让年轻的狄更斯心生恐惧,他后来写道:"我的天性深受那段悲伤而卑微的经历影响,虽然现在闻名遐迩,受人爱戴,生活幸福,我在梦里也会常常忘记已有一个亲密爱人和几个孩子,忘记我是一个大人,就那样寂寞地漫步回到生命中的那段时光。"小查尔斯工作〔住在皮普琴太太的原型罗伊兰斯(Roylance)太太家里〕之后不久,他父亲因为无力还债而被监禁,家里其他人搬到了泰晤士河南岸、伦敦桥对面的马夏西负债者监狱(Marshalsea Debtor's

Prison）。

  每位狄更斯的传记作家都指出，这些事对少年乃至成年的狄更斯有着深远的影响，并且推测了各种原因。当然，这一改变突如其来，对少年狄更斯来说意味着沦落到了社会底层。狄更斯出生在朴茨茅斯，他爸爸在那儿的海军薪酬办公室工作，那是一份受人尊敬的职业，也很有前途。当时他姐姐范妮大约一岁零三个月；两年后，他弟弟阿尔弗雷德（Alfred）出生，但不久就夭折了。又过了两年，他妹妹利蒂希娅（Letitia）出生，也夭折了。实际上，狄更斯家是一个大家庭，人人都说狄更斯的父母能歌善舞，喜欢举办活动，热爱参加表演，也鼓励孩子们发展各自的才能，狄更斯自然而然也善于交际，精力充沛，思想活跃。一家人在伦敦住的时间不长，狄更斯五岁的时候，海军薪酬办公室便派约翰到了查塔姆（Chatham），那是泰晤士河河口处的一个海军小镇。他十岁的时候，家里又添了三个孩子，总共七个。

  在查塔姆的五年时间里，狄更斯度过了一段幸福的童年时光。他亲口说过自己深爱姐姐范妮。查塔姆也是一个有趣的地方，适合孩子成长，那个海军驻扎的小镇依然留有拿破仑战争时期的余响，镇上大多数人属于军籍。小镇生活粗野,但是狄更斯提起它来总是津津乐道,觉得要好过邻镇罗彻斯特,那里的人们更崇尚天主教,这在狄更斯看来很压抑。快六岁的时候,他妈妈教会了他识字读书,让他和姐姐一起去附近学校上学。成年狄更斯不厌其烦地说,他童年时代最大的快乐源泉就是读书,读18世纪的小说,像《佩雷格林·皮克尔传》(*Peregrine Pickle*)和《汤姆·琼斯》,他尤其喜欢《一千零一夜》。见过他小时候读书的大人们都说他非常用功,显然他父母想让他接受学校教育,也很想让他广泛阅读(他妈妈教了他一些拉丁语)。但是这夫妇俩花钱大手大脚,家里的财力越来越弱,他们的美好愿望最终因此而破灭了。

1822年夏,约翰被派往伦敦。家里要养活七个孩子,只靠工资收入远不能维持生计,即便如此,他还是供范妮去了皇家音乐学院读书,但是狄更斯的学校生涯显然难以为继。狄更斯曾经憧憬着要受教育,然后谋一份体面的工作,现在看来希望要彻底破灭了。相反,家里并没有让他姐姐辍学。阿克罗伊德提示说,在鞋油厂橱窗里干活让过路人参观的屈辱,让敏感的少年狄更斯深感恐惧,相比于他热爱的歌唱和演讲,那真是一场噩梦。他害怕那家工厂和那个地区，后来在作品中将其描写为罪恶与堕落的代表。家人们相对舒适地住在负债者监狱里的时候，他被迫离开了家，独自穿过几条街，买一点儿东西填饱肚子，在街上的人流中奔跑而过，避开可能会注意到他的一些古怪的人。他小小年纪，孤立无援，没有人同情他陪伴他，一夜之间他便倏地长成了大人。当然，那时候他已经很清楚，后来也不断在作品中指出，伦敦有成千上万的孩子身处危险与困苦之中。这段苦役持续了五个月，之后出台了一项议会法案，他父亲的债务有幸得以解除。他母亲不太愿意让他辞掉鞋油厂的工作（能有点儿额外收入，又少一张嘴吃饭，这个想法很让人心动），狄更斯对这事耿耿于怀。但后来他还是重返学校，又上了几年学，十五岁时彻底离校，开始了工作生涯。

关于童年，狄更斯还记得些别的事情，有些回忆还很珍贵。他在作品中提及早年的生活经历时，并非只是些压在心头的不愉快。姐姐范妮在去世前几周，曾对他讲述了一次奇特的体验，后来他曾对福斯特说起这事："我们小时候，经常在一个小树林里散步。那天夜里，那个小树林里落叶的气息扑面而来，那么真切，她忍不住扭过头,在床边地板上寻找飘零的叶子。"狄更斯凡事都有点过度敏感,对感觉的体验尤其如此,这是他性格上永久的特征,并且他记忆力超群。童年留下的印象是一座宝库;每当准备重回过去时,他都不得不削除较为阴暗的力量,为此他开始写下具有自传色彩的片段。这个片段描写了小狄更斯不幸成为周围人的展品的情形。狄更斯有丰富的写作经验,不会一板一眼地讲述,何况又是一本要出版的书,他肯定会加以渲染。开诚布公与自我防范相结合是最巧妙的修辞手法,最容易引起读者内心的嘲讽或抵触。有的材料对作者组织一段回忆有价值,有的则利于为读者讲述轻松愉快的故事,作为编辑的狄更斯,对于二者自然能够加以区分。自传式的片段没有写完,最后狄更斯把它寄给了福斯特,直到狄更斯去世后,福斯特才将其出版。

那年秋天,狄更斯写了最后一本关于圣诞的书《着魔的人》。故事中着魔的人是一位化学家,名叫莱德劳(Redlaw)。这位形单影只的学者深深陷于对亡姐的回忆中不能自拔;多年前一位推心置腹的朋友背叛了他,与他的爱人私奔了,对此他也耿耿于怀。像斯克鲁奇一样,一个鬼魂登门拜访他,提出让他失忆,同时也赋予他让遇见的人失忆的能力。善良仁慈的莱德劳因受记忆的百般折磨，于是接受了这份礼物。在《着魔的人》这本书中，狄更斯对于人在心情平静、生活幸福和志得意满时大脑对外界环境的首要反应，做了极为清晰的论述。莱德劳亲朋好友的生活境况比他还成问题——在大学工作的房东威廉斯（Williams）太太，在第一个孩子死了之后，再也没有生养。她八十四岁的公公已经看到他上岁数的儿子正日渐堕落。莱德劳的一个学生，正从一种致命的疾病中复原，同时也变得一贫如洗。这位学生的邻居泰特柏（Tetterby）一家人，没什么票子，也没有房子，却有许多孩子。但在莱德劳出现之前，每个人都心满意足。特别是，对泰特柏一家的描写很好地唤起狄更斯对家庭生活的回忆，无疑闪耀着生活经历的火花。甚至有一丝朴素的宽恕，因为泰特柏先生个子很小而他老婆很胖（狄更斯曾用这一点来责怪凯瑟琳）。但每次莱德劳与另一个人接触，哪怕是不经意碰上，那个人都会失忆，然后就变了。这一结果被泰特柏一家好笑地揭示出来："泰特柏家每个小孩的手都在打别的孩子；就连乔尼（Johnny）——富有耐心、谦恭忍让、满怀爱意的乔尼——都举起手来打人！没错。泰特柏太太，不过是偶然走到门边，就看见他不怀好意地在那孩子身披的铠甲上选了一个容易下手的地方，一巴掌扇下去，打在对方身上。"其他人也变了，然后莱德劳开始意识到他正用以重塑世界的方式有多么恐怖，他便试图退回这份礼物。狄更斯明确指出的一点是，快乐与痛苦的记忆是谅解的根源，实际上也是我们能够宽容幸福地生活在一起的根源。没有记忆只会让生活当下的困境大显威力，让人际关系破裂并促使人们分离。

无论这个哲学论断是否正确，狄更斯都在《着魔的人》当中将其详细地展现出来，接着基于这一论断，在1849年2月，开始写他最伟大当然也最中意的小说《大卫·科波菲尔》。当时临近他三十七岁生日，距他开始在华伦鞋油厂做工正好二十五年。

是福斯特建议狄更斯使用第一人称的角度来讲述这个故事的。1847年出版的《简·爱》很受欢迎，福斯特可能受此影响，但狄更斯本人从来没有读过。在维多利亚时期的小说界他不再是只身一人——《名利场》碰巧与《董贝父子》同期出版。萨克雷视他为对手的感觉（狄更斯似乎不这样想）可能并未因两本小说销量的对比而减弱——《名利场》每期卖五千本，《董贝父子》三千。

《呼啸山庄》也于1847年出版,盖斯科尔夫人的《玛丽·巴顿》(*Mary Barton*)于1848年出版。狄更斯仍然是那个时代最受欢迎的严肃小说家,但是还有其他人从他的阴影中发出声音,表达着他们自己的鲜明视角。他们滋养着他的灵感,至少间接影响了他,这证明狄更斯具备天然的吸收能力。他们把他作为对手,而他似乎很少有意这样做。究其整个写作生涯,他都是同行中的佼佼者。与他同时代(以及在他之后)的作家们觉得,他们必须承认与他有某种关联,但他并没有这样的感觉。他总是不吝赞美,还大方地邀请他们为他编辑的期刊写稿子,并且中肯又很讲技巧地提出批评。在创作期间,他满脑子都是自己的作品,丝毫没有注意到别的作家可能在做什么。

《大卫·科波菲尔》开始进展得并不像《董贝父子》那么顺利或者说轻松。他写给福斯特的信件里充满了抱怨,也谈到某些细节,像小说的书名、人物姓名以及大卫的职业特征,这些都迟迟未定,或者直到最初几期内容进行整合时还在变化,同《董贝父子》进展得很好的高度计划性相比,犹豫不决的迹象对狄更斯来说有些不同寻常。不管怎样,即使《大卫·科波菲尔》比《董贝父子》卖得少，狄更斯对前者的满意也在日渐增长，他按部就班地写，没有间断过。

他爱这本书，仿佛这是他的自传，但实际上小说叙述的事与他早年的遭遇相当不同。不用说，狄更斯一家人口多，好交际，而大卫·科波菲尔是另外一种家庭的后代。他家位于雅茅斯（Yarmouth）附近，他爸爸比他妈妈大二十岁，在他出生时已经去世，他与妈妈和女仆辟果提（Peggotty）幸福地生活在一起。他姨奶奶贝西·特洛伍德虽然因为婚姻不如意而性格怪异，郁郁寡欢，但很有钱。《大卫·科波菲尔》最初几章详细描写了一种童年时代的田园风光，大卫是家里的宝贝独苗，但是他妈妈改嫁给默德斯通以后，这种生活戛然而止。默德斯通和他姐姐简，正是狄更斯反感的那种维多利亚时期家长的经典形象：粗暴、严厉、说一不二，没有想象力。他们的残忍源于无趣和毫无爱心。他们最罪恶的影响并非由于他们对待大卫母子的方式（已经够坏了），而是由于他们给所有事都添了一层无情，加了一道桎梏。默德斯通对继子所说的或是提及继子时所说的都近乎一个典型的继父会说出的话，令人不寒而栗。大卫在挨罚的时候咬了默德斯通一口，他就被打发得远远的，去上寄宿学校了。

辟果提和她弟弟汉姆（Ham）、小艾米莉（Emily）和马车夫巴基斯（Barkis）这些角色，在狄更斯家找不到相似的人，狄更斯在开始写这部小说之前，也从来没有去过雅茅斯。但是，《大卫·科波菲尔》似乎唤醒了他孩提时的感情，因为曾经体验过，所以忠实于他的生活。这些事件本身远不如它们在作者心里引起的感受重要，并且第一人称的视角能够唤起狄更斯孩提时的感受。这无疑是他独有的一种天分。在协调一个正在成长的孩子对自身权利的认识和为他人所控制的感觉方面，《大卫·科波菲尔》比《雾都孤儿》和《老古玩店》做得更好。大卫并非一个倒霉的牺牲品；事实上，一去学校，他的青涩无知就伤害了别人，最有名的便是伤害了麦尔（Mell）先生，大卫知道不应该跟人透露麦尔的家庭环境，但他还是那么做了，导致麦尔先生受到斯提福兹（Steerforth）的冷嘲热讽，还被克里寇（Creakle）开除。然而我们还是很同情大卫，我们也永远忘不了他有一项任务，就是要学习怎么做一个好人——他的天真并不能保证他判断准确或者行为得体。从这个角度讲，对大卫的描写远比早期那些孩子们复杂；就连保罗·董贝也一度被塑造成偶尔会盛气凌人的样子，但是从不会表现出非同寻常的明智与慈爱。对大卫幼年时代的描写，为后来《一个青年艺术家的画像》(*Portrait of the Artist as a Young Man*)中前几章的儿童描写提供了必要条件。狄更斯的经历和他对儿童普遍持有的与生俱来的同情使他明白，孩子的语调和风格不同于成人，值得艺术地再现。这当然是弗洛伊德如此倾心于《大卫·科波菲尔》的部分原因——狄更斯明白，小孩子的符号世界很丰富，有着长久的生命力。在正文相对较少的几页篇幅里，日子一天天过去，符号间的联系在稳步建立。叙事者还强调了这样的思想：通过早期经历的回忆和重建，意识能够明白它是如何产生的。大卫没有"分析者"，但叙事者本人充当了"分析者"的角色，通过语言和事件的选择在读者与主角之间斡旋。

大卫母亲的死终结了他在克里克学院的求学生涯。他返回布兰德斯通参加葬礼，结果被送去默德斯通和酒商格林伯合伙的账房工作。他同米考伯一家住在一起，但很快米考伯先生因为债务问题被捕，一家人搬进了王座监狱。关于工作经历，大卫记录道："在那段日子里，我一直在默德斯通·格林伯公司，怀着和一开始时同样的屈辱感，和同样卑贱的工友为伍做苦力。可我从没结识任何人——无疑这是我的幸事——也不和每天进出于批发店、在吃饭时间游荡街头的那些少年中任何一人交谈。我还是那么过着暗自不快的生活,我仍那么独自地过那生活而不仰仗任何人。"这同狄更斯的生活形成鲜明对比。米考伯一家是他父母的喜剧性再现,账房虽然沉闷无趣却远不像鞋油厂那样可怕。实际上,默德斯通在送大卫出去工作前对他说的话有些可能是狄更斯自己说过的:"对年轻人来说,这是个需要干活的世界,而不是愁眉苦脸四处游荡混日子的世界。"关键是大卫并不介意。不是他必须自谋生路,而是没有人在乎他是否自谋生路,也没有人在乎他怎样谋生,就连米考伯夫妇也只顾忙自己的啰唆事,以致大卫的得失荣辱对他们来说也是微不足道的。当然这真实地反映了狄更斯的双亲身处困境时他的感受——无论偶尔的片刻时光怎么欢洽,他们也不能真正理解他、同情他;仿佛他只是他们的房客。

《大卫·科波菲尔》叙述的不是狄更斯的生活,却唤醒了他的人生。这部小说不但让他从对青少年时代的沉思中解脱出来,而且让他摆脱了整个青少年时代。大卫的任务是道德上的,同时也是情感上的——发现真正的同伴,而且还要为他的种种选择及其后果负责。通过观察周围那些人,经过权衡自己的行为和选择,大卫进入了负责任的成人阶段：在小说的结尾，他有了一份受人尊敬的工作，结交了一些好友，还有了一个心灵伴侣阿格尼丝，这个人物因为单一乏味经常受到批评，但有意思的是，她能让人想起一个安安静静、沉默寡言、有责任感的女性。在大卫完全成功之处，狄更斯本人只成功了一部分——他开始向福斯特吐露心声：他对寻找真正的亲密关系感到绝望。

《大卫·科波菲尔》的主旨是喜剧化的，但是因为它的重要主题是大卫的道德教育，美好的结局与换来这个结局的代价并不相称。大卫和阿格尼丝情投意合，大卫所爱的其他人艾米莉、玛莎，也生活在富裕与和谐中，而米考伯夫妇离开他们的失败现场到别处去寻找新生活。但是斯提福兹失踪了，辟果提一家的生活被破坏了，就连西普的失败也有一种酸楚的滋味。通过自私、贪婪、沉迷、绝望和自我幻想而孤立地生活，这一个体天生的倾向并没有从整体上减弱——只是在大卫的情况中减弱了，至少部分是因为他很幸运地找到了阿格尼丝。小说没有暗示说他配得上阿格尼丝，他只是知道怎么珍惜她。

《董贝父子》和《大卫·科波菲尔》都是伟大的小说，但是它们的成功，部分是因为它们避开了较大的社会事件，允许主人公仅仅作为个体去解决一些问题，这些问题代表了大的社会势力和困境。对于一部小说而言，这种个体解决方式是唯一可信的方式，也是唯一"现实的"方式。而与此同时，董贝和大卫逐渐变得有点像灰姑娘——喜剧小说这种形式，选择让这些人物获得成功，而让他们周围所有的人都屈从了命运的安排。在每一部圣诞短篇中，人物内在生命的改变都创造出外在的变化，狄更斯在其中描绘出的寓言式解决方法，效果比小说要好，因为相较于简单而神秘的内在转换，小说需要更多的行为去完成。一部小说中的人物相互影响，在世上各自奋斗，个人精神生活的生动感被淹没在五花八门的叙事中。小说总是太短又太长。它们太短，只能深度再现极少数人物在道德上的发展；它们又太长，不能深度思考哲学问题，因为没有充足的情节让这些问题得到形象生动的叙述。尽管如此，如同随后的几部作品所示，狄更斯仍坚持不懈地尝试拓宽并加深作品以及小说自身的社会意义。

《大卫·科波菲尔》从1849年5月到次年11月刊出。该书的完成给了狄更斯很好的影响。他在扉页写道："作者脑海里浮现的一群生灵永远离去的时候，他感觉仿佛在将自身一些东西驱进阴暗的世界。"起初，书评褒贬不一，几期的销量也不如《董贝父子》好。但是合订本卖得很好，读者慢慢接受了狄更斯对这部小说的喜爱。从此这本书成为经典的狄更斯小说，最简单、最动人，以小说本身而著名，而不是通过舞台表演或电影。可以说，《董贝父子》和《大卫·科波菲尔》解除了狄更斯的两大忧虑——经济上的焦虑和早年残留的恐惧。两部作品再次证实了他在同辈作家中持续存在的重要性。在职业生涯的下一个阶段，由于他信赖从这两部小说所获得的经验，他同周围每个人的关系都会有所改变。

第四章

狄更斯写《大卫·科波菲尔》的那段时间，即便对他本人来说也是出奇的多产。1849年末，他开始筹备一份周刊，就是后来为人所知的《家常话》(*Household Words*)，"由查尔斯·狄更斯经营"。杂志第一期于1850年3月30日出版。从此之后大约二十年的时间里，他都做着这份周刊和后来《一年四季》(*All the Year Round*)的编辑工作，为之写文章并从中获利。他编起杂志来积极主动，颇有见地，而且收入不菲，因为他拥有杂志的一半收入（杂志发行量约三万五千份），每年有五百英镑编辑费，外加撰稿费。他曾估算过，仅1850年便审读了九百份稿件，却只采用了一小部分。他为杂志定位的目标读者是喜欢阅读的中产阶级（正是这些人形成了他最初的核心读者群），不是知识分子，不是艺术家，也不是改革家，而是想要丰富趣味和见闻的一般读者。他周围聚集了一群作家，他们匿名投稿。今天我们知道的仅有《白衣女人》(*The Woman in White*)、《月亮宝石》(*The Moonstone*)的作者威尔基·柯林斯和《南方与北方》(*North and South*)、《玛丽·巴顿》的作者伊丽莎白·盖斯科尔。尽管他们并非都喜欢匿名，但是有一件事却吸引着他们都为他写稿——稿费丰厚并且付款很快。他不各给出编辑建议,有时甚至改写稿件,不过这只适合有些作者,对另外一些就未必合适。但他有一种独特的见解:内容丰富的论文和随笔经由他最喜欢的精神活动——"想象",会变得更加生动。他斩钉截铁地主张自己的见解。就像对待他导演的和由他做舞台监督的戏剧那样,他觉得作品的各个方面自己都有责任,但在同其他相关的个体共事时他也会贡献自己的想象、洞见和魅力。现存的狄更斯写给作者的许多信件都证明了这些特点。因为早年的新闻从业经历,他依然会被"主题"事件所吸引——他会提供一个主题,比如圣诞节,然后写下开篇和结尾,别人就此主题纷纷投稿(这是《汉弗莱老爷之钟》成文最原始的想法)。通常他会设法让每一期的内容都保持平衡,所以如果现在脱离了背景来看,这些文章的风格会显得十分怪异,但像往常一样,狄更斯基本的艺术目标是让每一期整体上达到一流水平,局部是次要的,每周三面市的《家常话》便是如此。起初狄更斯在福斯特的协助下做事。他职业生涯中的多数工作,从艺术上的选择到商务事宜,各个方面他都征求福斯特的意见,并且所有小说都表现出福斯特的艺术品位的影响,狄更斯很信赖这种品位,但是有时候他也拒绝。福斯特有杂志八分之一的股份,同狄更斯一起忙于《家常话》的工作,最初两人友好和睦,但后来开始出现分歧,因为福斯特的生活和政见变得越来越保守。

不排除一种可能:由于有了《家常话》,狄更斯对于英国文学生活益发重要,因为他接受并发表了年轻一代作家的作品。据多数权威著作所述,就连狄更斯的退稿信,这些作家也很重视,退稿信写得很友好,言辞间充满了鼓励。他知道自己是"大师",他们也清楚。但绝对不是所有人都仰慕他。盖斯科尔就曾抱怨《家常话》总是那么"狄更斯味儿"。尽管如此,当时已经有许多不是狄更斯主持的期刊,也有许多不是由狄更斯写的小说,也没有"狄更斯味儿"。可以说他已经建造起了大厦,但大厦已开始有很多房间。

8月16日,狄更斯的三女儿,他的第九个孩子出生了。狄更斯正写到《大卫·科波菲尔》中必须决定朵拉(大卫的妻子)命运的关键时刻。几乎就在同时,他决定让她死,还给新生儿取名朵拉,这一行为在当时曾引起非议,也让传记作家们议论纷纷。就在孩子出生的当天下午,狄更斯带着其他孩子与乔治娜一起离开伦敦,前往一家人常去的布罗德斯泰斯的避暑地。凯瑟琳和婴儿留在了家里。

19世纪50年代早期,狄更斯生活中的第三项伟大事业是业余戏剧演出。他对表演兴趣浓厚,非常投入,充满热情,并且在1833年和1847年之间,参演了十二部剧。当《大卫·科波菲尔》将要写完时,狄更斯联合爱德华·布尔沃-利顿(《庞贝城末日》等作品的作者)上演了本·琼森的戏剧《人人高兴》,接着上演了一部布尔沃-利顿自己的喜剧《并非看起来那么糟》(*Not So Bad As We Seem*)。这些合作成果使文学艺术协会得以成立,那是作家和艺术家的保险和退休基金,"对这两类人提供援助,同时决不损害两者的独立性"。如往常一样,狄更斯渴望用开心的方式做好事,而这两部剧加上几部闹剧(包括狄更斯一人扮演六个角色的一部),在1851年5月到1852年9月之间一直断断续续上演。

狄更斯也没有中止慈善工作。他仍然同库茨小姐合作,帮她管理乌拉妮娅小屋。如同经营《家常话》一样,他是一个事必躬亲的经理人,1847年到1858年间,从人员安排到组织管理到日常危机的应对,大事小情他都要管。他继续写关于教育的文章,继续为贫穷儿童改善学校环境。他对劳工动乱、卫生设施和公共卫生问题怀有强烈的兴趣。换句话说,随着他的艺术日益成熟精湛,经济基础也越来越稳固,他其他方面的兴趣不是减弱而是增强了。1850年,他三十八岁,就表面来看他的精力储备比过去还要强大,各项事业彼此促进,每一项都恰到好处地融合了道义、想象、专注和魅力。当然,《大卫·科波菲尔》中对童年的处理使他从旧有的恐惧中解脱出来,能够以一种令人瞠目结舌的方式整合所有的兴趣。对于狄更斯的所作所为,评论家们经常异口同声——他力图做的每一件事,对一个平常人来说都已经很不平常了,但是这位当时最伟大的文学艺术家有着前所未有的精力和管理天分。

然而,这些年他的个人生活也经受了一些打击,最早是上文提到的,他姐姐范妮在1848年8月辞世。1851年3月,凯瑟琳缠身已久的疾病达到最坏的地步。阿克罗伊德引用了她写给朋友的一封信,详细说明了她的症状:"我患脑涨的毛病已有些时日,最近又重了许多,我头疼欲裂,他们已安排我马上去马尔文(Malvern),试着换换空气,洗洗冷水浴,看看可有效果。"十五年当中怀孕九次,已经让凯瑟琳发生了相当大的改变。她已经成了一个体形肥硕的妇人,还易患产后抑郁和焦虑,尽管熟知这对夫妇的人常常为凯瑟琳的亲切平和所打动,会善意地将之与狄更斯难以捉摸的魅力做比较,但狄更斯越来越不掩饰对妻子的不满。凯瑟琳和乔治娜是两种不同类型的伴侣,二者间旧有的天平,明显地倒向乔治娜——她被狄更斯视为密友。他对凯瑟琳友好和善,但是她的笨手笨脚(他从美国写给福斯特的信件中便嘲笑过这一点),她的嫉妒(在热那亚同德拉茹来往时就让他很心烦),她一贯的慢吞吞以及她怀孕产子的麻烦让他很不耐烦。可以看出,像许多已婚夫妇一样,他们已经发现了各自性格的最大差别:他精力充沛,忙忙碌碌,烦躁不安;她性情温和,有些软弱,很有耐心。狄更斯曾经多次犯病,但他的应对方法是,只要有可能就用工作、跑步或散步来消除痛苦。而她只会向疾病低头。她对待压力的典型模式越来越让他恼火,这并不证明她有美德,而是证明同他相比,她的美德不是真正的美德。每个人都看得出来,他们两口子不般配,当然她也应该清楚,但这无疑让她更加紧张,从而也就让他越发不满。凯瑟琳去了马尔文温泉,治疗过程可能包括冷水浴、休闲放松、呼吸清新的空气、改变饮食,可能还有一些锻炼。

3月31日,狄更斯的父亲约翰·狄更斯去世。自从约翰夫妇让大儿子狄更斯离校到鞋油厂做工之日起，父子俩的关系就一直紧张。狄更斯试图不介入父亲那种大手大脚的生活方式，但没有成功；他还试图雇用父亲在他的编辑部中做些事，也没有成功。他曾经很愤怒地提及他的父母（还有他的弟弟们，他们不像狄更斯，更像他父亲），小查尔斯后来讲述说，父亲写的自传材料没有付印，部分原因是凯瑟琳曾经读过这些文字，认为对他双亲的描写太苛刻了。但是《大卫·科波菲尔》的写作再一次缓解了狄更斯心头的许多事情，在他父亲去世前的最后几年里，狄更斯开始更加和颜悦色地对待他、和别人说起他，并且原谅了他。约翰最后一次得病很突然。他患了折磨人的膀胱结石，已经决定做一个急诊手术来排石。术后（当然是无麻醉手术）狄更斯赶到医院时，说父亲的病房看起来像一个"屠宰场"。尽管这位老人（约翰时年六十六）很乐观，但是手术最终失败了，六天后他离开了人间。父亲的死让狄更斯悲从中来，从一定程度上缓解了他同母亲的关系。

之后不久，狄更斯游览了马尔文，于4月14日返回伦敦进行演讲。演讲结束，福斯特走上前，告诉他八个月的小宝宝朵拉突发抽搐病，已于当天下午夭折。次日清晨，他给凯瑟琳写了张便签，由福斯特发出，他还推迟了晚上布沃尔－利顿的戏剧表演。两天后，据他的一个女儿说，在悲痛的重压下，他彻底倒下了。但是人人都清楚（包括他自己），需要做出安排的时候，还得由他操办。表演重新开始，《家常话》继续排上日程，还要照顾凯瑟琳和其他八个孩子。像往常一样，治疗悲伤的良药还是做事，他穿过伦敦一条条街道无休无止地散步，以此来代替睡眠。

凯瑟琳同样悲痛难抑，从马尔文回到了家。5月，狄更斯买了新居，一座名叫塔维斯托克（Tavistock）之家的大别墅，并开始整修。他携家人去了常去的肯特郡的避暑地。10月，他开始写《荒凉山庄》，首期出版与搬进别墅几乎同时。

尽管人们普遍认为这是狄更斯生命中的黑暗时光，但别忘了，狄更斯总是有能力找乐，甚至迫不及待地找乐，记得这一点很重要。阿克罗伊德讲到，狄更斯曾邀请萨克雷和他的女儿们参加"第十二夜"的聚会。像往常一样，有一场狄更斯指挥的表演（他让人把新居装修成了一个小剧场）。有一次，刚刚五岁的亨利出场背诵：

> 这时候轮到这情人儿大惊失色：
> 威尔金斯正在花园儿里四处闲逛
> 看见他心上人黛娜已经倒地身亡
> 一杯冰冷的毒药就放在她身边
> 留下封情书说她是服毒归了天
> 呜呼呀，哎呀呀，呜呼呀

"萨克雷哈哈大笑，"阿克罗伊德写道，"从座位上跌了下来。"

在《荒凉山庄》里，狄更斯成功地把社会关怀同叙事热情结合起来，而没有像《大卫·科波菲尔》那样刻意强调故事。这样，他就创造出一种新型的英国小说，一种从整体上探索并质疑英国社会文化结构的小说，而不只是针对某些社会福利机构。狄更斯将人物的困境和悲剧设置于他们无法掌控的慈善机构中，并分析了有人失败有人成功的原因。早年他曾认为性格和态度的转变要考虑到世界的转变，在这部书中，他稍稍背离了这种认识。在《荒凉山庄》里，世界是冷漠无情的机器般的所在，其中所有人和事都处于一种不断沦落的状态，这一状态只有通过不懈努力地去承担责任，通过井然有序的辛勤工作才能终止或彻底改变。任何主角的个人改变或教育都不是这部作品的中心组织原则。埃丝特·萨默森占用了故事的一半篇幅,小说开始,她被写成谦恭忍让、一丝不苟、德行贞洁的样子。而她真正的任务却是见证别人的道德教育,特别是但又不只是见证理查德·卡斯顿(Richard Canstone)和凯蒂·杰利比(Caddy Jellyby)的道德教育。

这部小说笼罩全篇的隐喻是年代久远、耗费巨大的"詹狄士(Jarndyce)控告詹狄士"大法官法庭诉讼案。故事多数情节发生的场景都是在法庭酒吧附近的伦敦地区。就在小说第一章,狄更斯一一叙述了遍布英格兰各地的大法官法庭的影响:

> 大法官法庭……每个郡都有其破败的房舍和荒芜的土地……打官司的,疯的疯了,衣衫褴褛,挤满了疯人院;死的死了,尸体堆满各个墓地;原告破产了,穿着塌跟鞋和露着线头的长袍,从熟人圈里借钱、向他们乞讨。

此后,小说揭示了这个案子的真相——无论出身贵贱,每个人物都与詹狄士告詹狄士诉讼案有关。这些关联有时看起来毫无理由,但结果却证明非常重要。此案实际上是一个巨大的家族案,尽管家族的每个人都竭尽全力挣脱,但终究都会被绞进与他人错综复杂的关系里。以诉讼案为背景,每个人都通过接受自己的责任从而改变命运,而其责任早已按照家传的模式规定好了。诉讼案就像一个资源极其匮乏的生态系统。只有节约使用有限的资源,才能使人人都成功地改善各自的命运,但天然的混乱无序经常造成个人能量耗尽的恶果。哪个人物的命运都不比别人更有意义。这部小说是以一种宏大叙事的方式来写的,取得了很好的效果。凸显的是人际关系的现实,而不是个体的重要性。大法院法庭并非狄更斯可能讽刺过的最无耻的社会机构——当时的书评人指出,这类批评很常见且系统的改革正在进行——但是从艺术角度来讲,狄更斯从机构而非从个人入手,这使他得以创造出一个更广阔的世界,并比以往更成功地把各部分连成一体。

　　书评人注意到这部小说的冷酷无情。福斯特不太喜欢这部作品,埃丝特没有给任何人留下好印象。从那时起,评论家们经常争论,埃丝特这个人物是成功还是失败,当然她的声音有些矫揉造作,缺乏真诚,尤其在她说话的时候还要打个折扣,那不过是在自卖自夸。在之后几年里,乔治娜主动承认,埃丝特这个人物是以她为原型的(但她不相信阿格尼丝·威克菲尔德是以她为原型),那么,肯定是这种情况:如果狄更斯试图用他喜爱并尊重的某个人做模特,在用嘲讽语气描写这个人时,他就会显得缚手缚脚,全然不像描写自己时那么自在。《荒凉山庄》采用第三人称叙事,即便按照狄更斯的标准来衡量,语气也是出奇地充满了嘲讽。因此这一对比使埃丝特的故事更显怪异。如果埃丝特就是乔治娜,那么约翰·詹狄士与她的关系便是代表了狄更斯本人——这位保护者为一切买单,照顾每个人,然而他又需要埃丝特作为自己及其关怀对象的中间人。

与第一个隐喻相互支撑,第二个笼罩全篇的隐喻是疾病。至少从写《雾都孤儿》以来,对狄更斯而言,公共卫生设施的主题一直非常重要,那时他常去萨弗伦山附近的贫民居住区,萨弗伦山就位于道提街(Doughty Street)他的房子旁边,写这部小说的时候,他正和家人住在那里。巧合的是,写《荒凉山庄》时,他正让工人整修塔维斯托克,包括安装管道和排水装置;因此满脑子想的都是废物处理。在第二章他提到，有限的城区聚居着大量的人口，这些问题伦敦城市委员会或议会一直也没有解决，几乎快到狄更斯去世时才得到了解决。乔（Jo）这个人物是古老的无知和贫困的化身，正如乔谈到自己时所说，贫困无穷无尽，尾随而来的是死亡与毁灭。

《荒凉山庄》是狄更斯小说中最没有希望的一部。像埃丝特和詹狄士这样的角色充其量只是在抵制腐化方面取得了成功，而没能超越腐化或者从腐化中创造一些事物。每个人物都被自己的过去束缚难以逃脱（比如，像米考伯一家和小艾米莉去澳大利亚寻求新生）。埃丝特在家庭生活中找到了爱和目标，但是艾伦·伍考特是一个非常黯淡的人物，他们的婚姻没有实质的乐趣。狄更斯的敏感中乐观的一面，凭直觉设想通过笑声来进行平等交往和社会救赎，几乎都不见了——这里没有《董贝父子》中的托克斯小姐和契科（Chick）先生或《大卫·科波菲尔》中巴基斯、台德勒斯（Traddles）或迪科（Dick）先生这类刀子嘴豆腐心的人，可以用细微却重要的方式将主要人物联系起来。哈罗德·斯基坡（Harold Skimpole）是一个很好的例子，在先前的小说里，他的弱点或许是被宽容地处理了，但在《荒凉山庄》结尾他却变得有些刻薄。

《董贝父子》和《大卫·科波菲尔》从始至终都以语体贴切而著称,但是在《荒凉山庄》中,语体很成问题,其中多是因埃丝特的叙事所致。大卫可以用狄更斯的视角轻松地讲故事,当然,作者有意如此——狄更斯找到了和大卫舒适相处的距离,可以进驻他的头脑,也可以观察他的成长——但是他找不到同埃丝特之间的舒适距离。她的声音很不和谐——有时机智尖酸,有时枯燥乏味。到最后作者自己也很难把握她的思想感情。另一方面,第三人称的叙事要忍受太多讽刺——著名的第一段是关于伦敦大雾的场景,叙述生动但并不细腻。狄更斯有一个观点要说明,他想确认读者是否清晰地明白了他的意图,这一点与《马丁·朱述尔维特》相似,但没到那种程度。19世纪50年代,狄更斯给人回信时写道,他写作不只是为了消遣,而是心中总有不断改善的目标,那十年中所有的作品都体现了这一点。现代批评家已经重新恢复了《荒凉山庄》的地位,对它的结构、严肃性以及狄更斯试图促成一种新的小说类型而满怀敬意。一些批评家甚至原谅了埃丝特体现的叙事方式,因为她有助于使极其多样的故事情节得到控制。

这部小说有趣的一点在于,乔这个人物同斯托的《汤姆叔叔的小屋》中的托普西（Topsy）类似，我们知道，狄更斯在写《荒凉山庄》时读过这部小说。像托普西一样，乔是一个无人抚养的孩子，是个不知父母是谁的神秘产物；而托普西是奴隶所生。两人对自己的出身一无所知，对世界没有一点常识，包括宗教知识。值得注意的是，这两位作家，一个在英国写风靡一时的小说，另一个在美国写，却都突出了如何培养孩子的良知这一"家庭"事务，并强调通过与他人的联系发展自我的认识。两人都展示了井然有序的家庭生活和公共生活的联系模式，这一模式的关键是生活在同一个屋檐下的有责任感的男女之间的伦常。托普西和乔的命运相对比，尤其具有启发意义——乔只与毁灭有关，他把病带进了詹狄士家然后身亡，这是对自鸣得意的各阶层的警告；托普西通过有条不紊的培养和关爱又得到改造。对于狄更斯而言，乔的意义就在于他在小说中是主要角色；对斯托来说，托普西如何过上有道德的生活是重要的问题。

狄更斯对《荒凉山庄》的销量很是满意。从第一期开始，每一期都卖掉三万四千册左右，他大约挣到一万一千英镑。尽管评论家们褒贬不一，公众却热情洋溢地接受了它，销量高出《大卫·科波菲尔》约一万四千册。

购买塔维斯托克的大房子这事表明,现在狄更斯是一个富翁了,并且所签合同也总是对他有利。当《荒凉山庄》止笔,他与布拉德伯里-埃文斯公司续约的时候,一切顺风顺水。尽管如此,完成这部小说让他殚精竭虑,不仅因为这是复杂的鸿篇巨制。阿克罗伊德详细讲述了这期间诸多演讲、请客吃饭、编辑工作、外出游玩、长途旅行、房屋装修、家庭责任(狄更斯发现一个儿子口吃,每天早晨都花一段时间在书房矫正他这个毛病),以及干扰到月刊出版的通信。小说写完的时候,狄更斯决定至少一年时间里不再动笔写下一部也就不足为奇了。

1852年2月,狄更斯年届不惑。一个月后,他排行第十的七儿子爱德华(Edward)出世。十年时间里,这位曾起航去美国的满怀希望的年轻人,已经有了一些不易为人察觉的改变。他的作品复杂、阴郁而成熟。熟知他的人不再评论他的孩子气。他依然精力充沛,废寝忘食,依然能够放声大笑,也能让人乐不可支。他是家里的顶梁柱,是杂志的主编,是社会评论家,还要做慈善工作,种种责任和义务,使他在英国的生活中成为一个严肃甚至令人生畏的人。对《荒凉山庄》的各个方面持反对意见的评论家们,批评了狄更斯对文章脉络的把握。

他的著作篇幅是有名的长；这次写作实验只是再次证实，他总是能洋洋洒洒，谈天说地，既生动又形象，很有戏剧效果，机智而富有创造力。"是真正的天才，具有原创性"〔正如布里姆利（George Brimley）在《观察家》报中所说〕。尽管有多方批评（就连他十分尊敬的朋友卡莱尔和福斯特，也有保留意见和建议），尽管关于商业成功有各种奇想，但在处理较大的事件时，在对待人物刻画的细节描写和写作风格上，狄更斯总是忠于他对事物的独到见解。一旦有了某些想法，他便会将这些想法及其发展状况公之于众。

这一时期狄更斯生活方面的一个鲜明特点，也是会持续到他去世的一个特点，就是渴望迁移与逃离，有点像玩捉迷藏。逃离的明显原因是在写作过程中会受到商业和社会参与的干扰，令他常感沮丧，但他一直嗜爱四处游走，以致总也不清楚他究竟要摆脱谁，逃避什么事。他企图逃离伦敦和英格兰，就携家眷去布洛涅（Boulogne）消夏；他要努力逃离家庭，就在秋天同友人一起去法国和瑞士漫游；一旦在某处安住，他就开始远足观光。阿克罗伊德指出，狄更斯经常租订的寓所，都是能够让他奋笔疾书的幽静之地。从这些居所出发，他可以不断进行长途漫步。给早先的人们下诊断（比如躁郁症，现代已很常见），很诱人却也很冒险，当然，维多利亚时期的人整体上相信奋斗，相信凭借一己之力，尤其是像个男子汉那样来谋求出路是对的。但即使是维多利亚时期的伙伴们也让狄更斯永不满足的创作力折腾得疲惫不堪，他自己同样不能幸免——1853年5月，《荒凉山庄》接近尾声，他患了令人痛苦的肾病，同他幼时得的病很像，也令他忆起导致父亲死亡的种种问题。尽管深受病苦，他也只接受了初步治疗，六天后便重返工作岗位了。无论我们能否给狄更斯做出诊断，根据他的行为、信件和作品，至少可以说，他并不平静，我们甚至找不到一张平静的肖像。美好的生活是忙碌的，无聊的生活既乏味又在道德上遭人质疑。人们总想休息，却片刻也不能，只有疾病光临，才能喘一口气。如果每个婚姻都是一个信仰体系，如果配偶一方经常用该体系的条款发号施令，那么信仰的依据就会更加有力：在狄更斯的家庭神话中，凯瑟琳是不称职的。狄更斯即便在生病时也可以随意提取的精力储备，凯瑟琳身上并不具备。但必须说，十六年里，承受十次怀孕、两三次流产，加上多次搬家，参与社会事务，进行长期旅行，这样的苦差就连多数现代妇女也想都不敢想,能够成功应对的就少之又少了。

1854年1月,《荒凉山庄》完稿约半年之后,狄更斯注意到《家常话》销量在急转直下。布拉德伯里－埃文斯公司请他构思另一部连载小说,他旋即开始写《艰难时世》(*Hard Times*)。第一期于4月1日面世。这是狄更斯最短的小说,直接灵感似乎来自普雷斯顿(Preston)一场为期二十三周的磨坊工人大罢工,狄更斯去那里旅游时曾经目睹此事,并在2月初为《家常话》写了一篇关于罢工的长文。长期以来,狄更斯对工人的工作环境和他们的抗议活动都很感兴趣——当然,他在《巴纳比·拉奇》中已触及下层人民的动乱,《尼古拉斯·尼克尔贝》也试图描写关于工厂的事。他在随笔中清晰地阐明自己的观念:"雇主与雇员之间的关系,和生活中的所有关系一样,必须注入同情和柔情,相互交流、相互包容,替对方着想……否则那种关系就不道德,并且会烂到核心,永远结不出丰硕的果实。"他对于一个公正的社会的大体看法是,在这样的社会中,每个人的尊严和价值都能得到他人的认可,而在那些看似最单纯的经济问题中,也同样可以看出他的这个观点。的确,他在一篇随笔中引用了一项普雷斯顿工人法案中的看法:雇主"生意兴隆时,从他们的劳动中榨取了一加利福尼亚州的金子,现在又用这些金子来压迫创造它的人们"。在我们这个世纪,这种看法会被认为是标准的马克思主义劳动价值论。但狄更斯的进一步言论表明,他并没有认识到这一点,而是完全把这种情况看作一种关系问题。的确,他在《艰难时世》中以小说形式表现自己的观念时,只能将此理解为描写一系列人与人之间的失败关系。纺织厂厂主庞得贝(Bounderby)先生与教育家葛擂硬(Gradgrind)先生,没有尽到对工人、妻儿和学生应尽的责任。他们滥用权力,并不是心存不善或天生邪恶,而是由于意识形态问题和无知。那些他们认为应该被指导的人和请他们指点的人,得到的是现成的说教、利己的恫吓或干巴巴的理论。葛擂硬的儿子汤姆(Tom)和女儿路易莎(Louisa)在道德上得不到指引,也没法让人理解他们的感情。贫民窟的工人斯梯芬·布拉克普儿(Stephen Blackpool)一步步陷入无望,沦为苦工。笼罩这一切的象征是市中心工厂排出的丑陋烟雾和污染,弥漫在整个焦煤镇之上。

狄更斯不是马克思,也不是恩格斯。尽管他对于周围环境兴许像他们一样怒不可遏,但他本质上是一个作家,不是哲学家,不是政治经济学家,也不是革命家。小说赋予作者展现各自风格的特权,并且只能通过情节和思索,让人物表现出更丰富的思想。叙事者可以尝试用象征手法去推演这些思想,或者对读者直言不讳,狄更斯在《艰难时世》里经常这么做(就像斯托夫人一样,她在《汤姆叔叔的小屋》里也用了这种笔法),在早期小说里他很少这样。但是组织素材需要人物之间保持清晰的界限,这一要求就意味着群体在小说中不能真正地活跃起来——一致性、人群以及群众运动在平铺直叙中支离破碎。小说家的眼光永远不会像广角镜那般奏效,而是必须从一个细节到另一个细节精准地推进。比如《艰难时世》这样的小说,书中人物作为思想的样本而行动,总摆出一种警示故事或寓言的架势,并且要依靠作者和读者之间共有的一套信念。《艰难时世》异常简洁的笔法是对赚钱的一个挑战,因为作者表达自己的思想时直截了当,并未以一种惯用的隐蔽手法或者根据叙事轻重而逐渐展开。结果,狄更斯关于教育以及正当的劳资关系的思想并未得到普遍认可,小说的喜剧特点也没有受到广泛赞赏,《艰难时世》没有成功。

尽管如此,这部小说更为后世评论家所青睐,并且与当时相比,可能是作为狄更斯的代表作而更加闻名于当代。像对待《荒凉山庄》一样,现代读者已经将社会批判视为小说艺术的合理手法之一;另外,狄更斯笔下焦煤镇的阴暗景象,碰巧与我们对工业革命带来的生态破坏和社会破坏的认识一致。《艰难时世》以后的小说拓展了其中的一些思想,并再三加以重申,因此有助于和现代读者产生共鸣,以至这些思想能够融入其背景,而人物(人物确实有趣)因此得以脱颖而出。

狄更斯总是渴望通过把自己的处境小说化,并寄托于书中某个人物来反思它,这人物有时极像他本人(大卫·科波菲尔),有时又很不像他[同一部小说中的迪克先生,他总是勤奋地写作,但是为不能阻止查尔斯国王(King Charles)在他的文稿中露面而深感沮丧——这可能是文学中最完美的一个情形,展现了一个作家是怎样想方设法要避免,或者因为想尽力避免一些事,结果却一步步后退,最后又退回到那些事上]。在《艰难时世》中,一位同狄更斯迥然不同的工人斯梯芬·布拉克普儿,感觉婚姻生活沉重,总想离婚。斯梯芬曾同庞得贝商量这事,后者的答复暗示出狄更斯在这一问题上做过研究:"哦,你得去民法博士院大楼提出诉讼,还得去民法法庭提出诉讼,还得获得一项议会法案,这样你才能够再婚,那会花掉你……估计一千到一千五百英镑……也许是这数的两倍。"当然,斯梯芬每周只能挣到几先令。《艰难时世》像《老古玩店》一样每周刊出,并用与后者近乎相同的方式坦率地揭示出狄更斯的思想状态。他笔下的魔鬼们不再怪僻可笑,令人恐惧的世界也不再神秘怪诞,相反,他们太丑陋太真实,栖居在那些想象力已经困乏而非被扭曲的人身边。但就像处理《老古玩店》一样,狄更斯没能让任何一个角色得到救赎。两部小说似乎都论证了一点:无论世界由什么构成,都不适合生存。狄更斯那些篇幅更长组织更精心的小说,也没有如此绝望过。

在小说家们的生活中,苦难并不罕见,而对于19世纪的小说家们来说,这在生活中似乎已成为毫无例外的定则。萨克雷的妻子患有不可救药的精神病;乔治·艾略特同 G. H. 刘易斯婚外同居,后者的妻子在不断同其他男人生孩子;夏洛蒂·勃朗特眼看着两个妹妹死于肺结核,弟弟死于酗酒,而后她自己在四十一岁时死于难产;乔治·桑、尼古拉·果戈理、费奥多·陀思妥耶夫斯基和列夫·托尔斯泰的生活,让我们印象深刻,他们或身陷债务纠纷，或身患疾病、发疯、丧命、悲痛或遭受政治监禁，艰辛甚至悲惨。尽管如此，他们仍然重任在肩，要写出中产阶级乐于接受的作品，重要的是，要受人尊敬。随着恩主制度的消失和作家的读者群的不断扩大，作家的社会功能（亦是其收入来源）也改变了。每一部小说都寻求消遣——小说这种文学形式一出现便有这个功能，它可供消遣这一事实常引发一种重要批评：年轻人读小说而不读宗教布道词，就会疏于道德知识的储备——所以小说还必须具有启蒙功能，以便获得并长期保有人们的敬意。小说家们很快领悟出——狄更斯是最早的领悟者之一——这种文艺形式强而有力，可将19世纪的世界用崭新而富含启迪的方式反馈给平民百姓，但是，中产阶级愿意着意的事情有限。有些小说家比别人更有胆量——比如，斯托夫人在《汤姆叔叔的小屋》中相当坚定地触及婚姻与性，以及奴隶制。狄更斯比同时代作家更为大胆地抨击了英国的社会结构，其他作家更倾向于聚焦个人。除了迂回表达，小说家们忌讳在作品中表露自己的痛苦，尤其是这种痛苦会招致不敬的时候就更要回避，而光荣体面的痛苦又几乎不存在。狄更斯拼命赢得的中产阶级生活总是容易受到考验，他书于纸面的幸福美好的理想状态是典型的维多利亚时期的家庭生活,对他来说,外在表现与内在实际之间的冲突尤其危险。

狄更斯自认对他所属时代的社会环境是可靠的见证者,也是权威。他不仅付出大量精力来激励自己,还习惯于发表观点并采取措施。但是随着他的批判范围不断扩展,语调日渐阴郁,他也越来越缺乏提出观点的能力。他的风格,或是所谓的"天分",是他给人的印象中不可或缺的组成部分,总是成功地提醒读者它的独一无二。早期作品的轻松幽默在世界的实然和应然之间搭起了一座可以沟通的桥梁,通过爱情、友谊、欢聚、富足、欢笑、原谅、愉悦、修身养性和惩恶扬善,他成功地体现了救赎的方法。然而,19世纪50年代,他不再相信改良。原因之一是1854—1855年之间爆发的克里米亚战争(Crimean War),战争行为暴露了政府的无能,以致狄更斯写信给他的朋友沃森夫人(Mrs. Watson):"我感觉,恍若世界倒退了五百年。"他强烈地感受到每一位官员都在推卸责任,正如1856年8月他在一篇随笔中所写:"在英格兰,无名氏的力量正变得巨大无比……在刚结束的战争中,这位令人吃惊之士所起的作用真是不可思议。正是他弃阵而逃,丢盔卸甲,选择最差的扎营地,没有提供任何运输设备,屠杀战马,断绝粮草,对于他宣称所知道的事务一无所知,并且还垄断独占,正是他严重削弱了英国军队。"在用几页篇幅阐述了这一主题后,他总结说:"无名氏单是在这一代造成的危害,所有人用十代时间也不能修复。"

在19世纪30年代早期报道议会演讲那几年,他首次感到议会的可鄙,而这场战争则证实了他当年的感受。他一直认为,众议院因为自私自利、行贿受赂和拉帮结派而堕落。在从事慈善活动二十年之后,他清楚,改善有损大众健康的不卫生状况,或者有效起诉一场战争这类事情属于公共职能,应由政府代表公民来执行。但他看不到英国统治阶级渴望或愿意履行责任的一丁点迹象。

但是狄更斯在大众心目中塑造的,当然也是他脑海里浮现的,是在天伦之乐和家庭幸福中获得救赎,这一救赎形式对他而言,似乎已不再现实。1855年1月,尽管此时他对凯瑟琳依旧温柔体贴,彬彬有礼,但是在写给福斯特的信里他说:"此刻我情绪低迷,就像可怜的大卫一样,自从我生命中错过了一段幸福,错失了一个良朋爱侣,一种感觉总是不断袭来,侵蚀我心,这到底是为什么?"他把阿格尼丝赐给了科波菲尔,把埃丝特赐给了艾伦医生。他可能想象着有一佳人,勤劳善良,精力充沛,志向不凡,让一个爱内省的男人对她产生亦友亦妻的爱恋。但他的生活中却独独少了这样一个女人,他在笔下让自我的替身大卫与阿格尼丝结合,完全有可能加重他的失落感。在小说里,他让自己的替身,友善而超脱的约翰·詹狄士,接受了一个大家庭保护人的角色,这是一回事,而对在十六年里生养了十个孩子的作者本人来说,就是另一回事了。我们很容易根据狄更斯在生活中各个领域的热情来推断他的性欲,尽管所有证据都显示,无论内心如何,他都做到了恪守礼法。不过,他对福斯特坦白后的几周内,他的渴望得到了出人意料的回应,事情源于他的初恋玛丽亚·温特(Maria Winter,娘家姓比德内尔)寄来的一封信。

狄更斯亲口承认,从十七岁到二十一岁,大约有四年的时间他痴恋玛丽亚而不能自拔,可那时他只是一个法律办事员兼议会速记员,而她是银行家的千金。他如何结识她,她又如何接受他的爱,已经无从知晓了,至少他当时是玛丽亚的几位追求者之一。他们约会,也有书信往来,在她父亲公开反对这段恋情之后,又秘密地通过几封信。1833年5月,狄更斯做了最后一次情真意切的表白,但是她反应冷淡,于是他离开了她。1834年他认识了乔治·霍格思,当年9月到12月之间认识了凯瑟琳。他对凯瑟琳的情意,总让人觉得远不如对玛丽亚的爱那么炽烈。无论如何,时年四十四岁的温特太太写信给他的时候,他最终还是热情地回了信,重新回忆起早年的感情。在恢复联系后的通信中,用《艰难时世》中描述路易莎和詹姆斯·哈特豪斯(James Harthouse)的说法就是:"他……与她建立起一种排斥她丈夫的亲密关系。"更不用提他的妻子了。

要表明狄更斯心里作何想,他写给温特太太的第一封信很值得大篇幅引用:

> 昨晚我正在炉火旁读书,几张信笺摆在桌上。我定睛一看,认出不是朋友的笔迹,便任它们躺在那里,接着读书。但思绪莫名地乱作一团,穿越多年的光阴飘回年轻时代,谈到此处我心绪复杂。茫然不知所读为何物,也无意唤醒这游离状态,最后我醒悟:在看到其中一张信笺时,我肯定受到了暗示。于是又把信拿

起来——突然,一种难以言表的冲动袭来,我记起了你的手。二十三四年如梦般消逝,在写到我年轻的朋友,恋爱中的大卫·科波菲尔时,我开启了这场梦。

信中所述繁忙而愉快——那么真实那么开心那么坦率那么亲切——我满怀喜悦地读着,直到你提到你的两个女儿。我思绪不宁,这些可爱的孩子们的存在,似乎是一个令人吃惊的现象,我开始怀疑自己正魂不守舍,直到想起自己也有九个孩子了!

接下来的文字狄更斯用的是一种不那么私人化的风格,但是六天以后,他又从巴黎给她写了一封信:

有些事我封锁在内心,从未想过让它们再见天日。但在不知不觉中写下"给你本人"的时候,我情不自禁,让充足的光线透了进来,只为要告诉你,它们依然还在。如果我一生中最纯洁最热情最无趣的日子有你来做太阳——那些日子里确曾有你——如果知道我曾经生存其中的梦境的确施惠与我,雕琢我心,使我富有耐心,不屈不挠,如果这梦境全都与你有关——天晓得的确如此——我要怎样才能收到你的来信并加以回复,假装已把这一切统统忘掉。

写信人狄更斯的无比优雅和热切,显然引起了温特太太的遐思。可以猜想在读到他接下来的一封信时事情的进展,那封信的日期是从塔维斯托克寄出六天之后,"你说你'没牙了,又胖又老又丑'(我不相信),我飞到了伦巴第街那幢拆掉的房子,看见你身着一条红莓色长裙,上面镶着黑边——黑天鹅绒的边——裁作范戴克式——许许多多范戴克式花边——我少年的心黏着其上,像一只被捕获的蝴蝶"。他接下来谈到了见面的安排(包括凯瑟琳和温特先生),强调他和温特太太最好先单独见一面,因为"我觉得,像以前一样,这很有必要,会让我们觉得自然"。

但这次见面并不成功。温特太太果然同她自己信里描述的一样,此外还喋喋不休。狄更斯很快让自己免于落入进一步的亲密关系,4月份写给她的信里,他曾为爽约而道歉便说明了这一点。这时他正在《小杜丽》艰苦

的写作过程中:

> 你未曾面对这种情况,也未曾如此生活,更没有机会关注,也就没有必要考虑。"只是半小时时间"——"只是一个下午"——"只是一个傍晚"——人们翻来覆去对我这么说——但是他们不知道,规定必做的或固定安排的事,哪怕强行让自己做五分钟都不可能;也许只是一个约会的念头,有时便会让人一天不安。这是为写书付出的代价。无论是谁,只要献身艺术就必须全身心投入其中,并从中找到酬劳。

狄更斯因同温特太太的会面尴尬不已,随后便把她写进了《小杜丽》——愚蠢肥胖但心地善良的弗罗拉,从而消解了尴尬。他直面自己,在朋友们面前也不掩饰。那年,他后来给福斯特写了一封辩解味很强的信:"你说我过度描写了二十五年前的感受,我不太理解是什么意思。如果是指我的切身感受,只需想想,我禀性中最强烈的感受是……有四年的时间那件事让我心无他念……我下定决心排除万难来解决它,它激励我投身报业生涯,一定要出人头地……毫不夸张。从那时直到现在,我相当为自己感到吃惊。"

《荒凉山庄》卖得很好,《艰难时世》提高了《家常话》的发行量和利润。但是纳撒尼尔·霍桑(Nathaniel Hawthorne)在1855年访问英格兰之后说:"狄更斯的文坛兄弟们显然不喜欢他,对他评价也不好——至少,他们当中最出色的人,名望可能与他不相上下的人是这样。萨克雷更符合他们的品味。"两本书都多有恶评,但狄更斯说他从不看书评。他的工作和生活仍然协调一致,继续显示出他在英国社会中的独特地位。他只是不能融入。首先,他仪表堂堂,人生阅历又太丰富——几乎领先了同时代各位严肃作家许多年或者说几十年。他的世界观为他们构建自己的世界观提供了部分原材料,而他们为树立自己的作者身份,又需要与之保持不同。人人皆知他慷慨大方,乐于助人,这体现在两方面——他对别人的作品总是鼓励推荐,以此使作者更受尊敬,这对他而言很重要。另外,他对于什么是优秀而有趣的作品,以及作者在社会中应当扮演怎样的角色有着独到的认识。毫无疑问,他是正确做事的最佳样板:参与社会事务,懂得娱乐休闲，充满活力，魅力四射。他经常自称为"不可效仿"的人，的确如此。但正因如此，他显得格格不入。

此外，狄更斯的政治观念越来越激进（也更加有个性——我们不应该把他视为今天熟知的那种左翼自由主义者，他是种族主义者、帝国主义者，有时反犹太人，认为监狱环境要严酷，不信任工会），他越来越脱离小说家们的圈子。我们何以得知呢？首先，维多利亚时期英国的文学世界很小很个人化，指明这一点很重要。作家与编辑彼此熟悉，经常一起参加活动一起工作，并且出版彼此的作品，现在即便在英国也见不到这种局面了——英国文学界内的关联比美国更高。不过，显然没有任何力量能够限制狄更斯作品的出版。他既是自己的编辑，实际上也是自己的出版商，他与读者之间一直畅通无阻。

他们真正能做的就是发牢骚。夏洛蒂·勃朗特抱怨说她不喜欢狄更斯的"夸大其词"（而《简·爱》也不符合狄更斯的胃口）。乔治·艾略特认为狄更斯的作品肤浅而且感情夸张，尽管狄更斯去信非常友好地赞美了她的前两本书。他曾经的朋友萨克雷，对他的几本书表示钦佩，特别是《董贝父子》和《圣诞颂歌》，但又觉得狄更斯是一个强有力的对手，萨克雷意识到这一点时肯定非常生气,而狄更斯几乎毫无察觉(狄更斯对于萨克雷作为一名作者应该如何表现有过评价,但似乎没有评价过他的作品)。特罗洛普(Trollope)称狄更斯为"大众观点先生"。实际上,狄更斯似乎认为自己的文学趣味是个人化的。他可能喜欢或不喜欢某些书,但一般总会维护作者的社会身份及其成就。他们不得不贬低他,但他却不必以牙还牙,的确,似乎他已经明白,任何一个人的作品都是有力量的,应当谨慎对待。比如他不评论图书。作为一名编辑,他让文稿符合出版要求;作为一位知名作家,他不会宣扬自己的评价,尤其是负面评价。

不仅仅是这些有名的作家贬低他。许多工人作家和评论家对狄更斯及其作品也有自己的观点,而他们自己的作品在现代就没有发行了。一般而言,他们的评价以负面居多,部分针对《家常话》发表的文章,部分针对阶级出身以及作家的个人习惯。狄更斯通常更喜欢周围是一些与自己背景相仿、靠自己奋斗成功的人,衣着花哨,参加各种各样的戏剧表演。他不能融入社会。

他爱取笑。他取笑文职人员,取笑大法官法庭,取笑贵族、工厂主、银行家和管理阶层。他取笑教育家和放债者还有为钱而嫁的女人。他取笑议会。他取笑各种自私自利。他取笑各种宗教派别,尤其是福音派。他取笑软弱无能的年轻人和贪淫好色的老年人,以及像法院差役一样的政府官员。但更重要的是,他的思想并非通过对前提和论据的分析甄别而产生影响,也不是像乔治·艾略特那样,通过对动机和道德预测的精准分析而产生影响。狄更斯的思想具有象征性,他通过被赋予意义的人物来认识世界。客观事物有了生命,而人们变成了机器。他的写作风格无一例外地表达了一种似乎未经理性思索的世界观,仿佛没有客观现实,只有主观现实,相互冲突并且转变,其中的意义则通过惟妙惟肖的人物来表现。艾略特当然不能欣赏狄更斯高度分明的主观世界的欢喜忧愁,她的著作依赖于生活在客观世界中的人物的观念,而经验和理性是他们逐步理解这世界的工具,二者的神秘性潜藏于动机和行为的转化。但是狄更斯能吸引这样一些读者:他们承认世间多有未经理性讨论之事;承认人与组织经常是以其对于我们的意义而非以其本来的样子植入我们的内心世界;承认我们经常不能看到它们的完整和复杂,而只是看到简单和陌生。当然这种观点与童年有密切关系,正如狄更斯与童年有密切关系一样,但是它还同整个生命中的各种思想状态有关,包括疯狂或痴迷,以及爱或精神超越的兴奋状态。狄更斯将许多美好、有益、人道的想法浸入他的风格,证明了他的视角没有妨碍他在这世界工作生活,而是增强了对它的体验。正如他对福斯特所说:"只需想想,我禀性中最强烈的感受……"

《艰难时世》出版于1854年8月,狄更斯再次从小说写作中抽身做了短期休息,但他依然为《家常话》写文章。业余戏剧表演消耗了他更多的时间,12月,作为慈善基金发起者,他做了新的尝试,为工人教育事业在伯明翰给观众朗诵《圣诞颂歌》与《炉边蟋蟀》。他有丰富的朗诵圣诞书籍的经验,每一本书都是用这种方式介绍给他的朋友,并且大受欢迎——朗诵《钟声》时,他说威廉·麦克雷迪"毫不掩饰地抽泣起来,然后在沙发上哭出了声"。而他的朋友,画家丹尼尔·麦克利斯(他画了一幅当时的素描)说,"屋里没有一只不曾湿润的眼睛"。狄更斯在伯明翰读了三个晚上,第三个晚上的听众是两千名男女工人,每人花了六分钱买票入场。回家时,他因为受到热烈欢迎而激动不已,便把这感受告诉了《家常话》的编辑威尔斯(W. H. Wills),据后者转述,"如果他们愿意让他读,他就会读给他们听"。到目前为止,他都没想过要以此赚钱。想到作者当众表演,狄更斯仍然觉得有些不妥,但由于对舞台的热爱和自身的表演天分,他更倾向认为这只是一种为行善而筹钱的模式。

临近1855年12月,狄更斯举办了几场更具慈善意义的朗诵,一场在雷丁(Reading),一场在舍伯恩(Sherborne),在布拉德福德(Bradford)举办的那场吸引了三千七百人,紧接着又在伦敦举办了一场。他每次都读《圣诞颂歌》,利用这个故事和每年这个时间以及各种机会来提倡那种慷慨,这对他一直很重要。但是显然也有挣钱的可能,开发这种可能所带来的诱惑越来越强烈。狄更斯很清楚,自身的能力和受欢迎程度也很重要。在一部戏剧或一部闹剧中表演,扮演一个角色并且经常说着另一个作者的语言,这是一回事;说自己的话,体会自己创造的人物,按照角色的内心世界发出声音做出动作,就相当不同了。他的女儿玛米曾经讲述说,小时候生了病,一整天都待在书房,而他正在工作:"他一下子从椅子上跳起来,冲到挂在旁边的一面镜子那儿,我可以在镜子里看到他做出异常夸张的面部表情。又迅速回到书桌旁,飞速写几分钟,然后又回到镜子前。面部童话剧重新开始,再转回去,他显然没注意到我,开始小声嘟囔起来。"

狄更斯此时有七男二女九个孩子,年龄从长到幼依次是十八、十七、十五、十四、十一、九岁、八岁、六岁,还有一个不到三岁。他是一位严格有规矩的父亲,坚持要求整洁安静,他工作的时候更是如此,但他还有一个和孩子们交谈的妙法,无疑获得了他们的信任。音乐、舞蹈和表演是狄更斯家庭生活的突出特点。他显然不想让孩子们重蹈他早年生活的覆辙:贫穷困苦,生活动荡,在街头做工。他们接受教育,为在中年时期过上典型的英国中产阶级生活做准备。他的确抱怨过他们没有什么雄心壮志,也不刻苦,至少在像他们这么大的时候,他为自己谋生路所付出的精力远胜于此。他们不是听着父亲青年时代的经历长大的。狄更斯在接近他人生尾声的一场圣诞表演期间说"华伦黑鞋油,斯特兰德三十号",当时他的大多数孩子已二三十岁,没有一个能领会他在说什么。此时,1855年,年长的孩子们该找工作了,库茨小姐曾送查理去伊顿公学学习了一段时间,但他似乎很不安心。他去德国待了两年,研究银行业,但是狄更斯满怀歉疚地写信给库茨小姐,说查理"比起我对我孩子的预期，他目标不够确定也不愿努力"。萨克雷的女儿与狄更斯的女儿是朋友，萨克雷对她们衣着的精致颇有微词。凯瑟琳对一个朋友说，狄更斯往往在孩子们还是婴儿和蹒跚学步的时候最爱他们。无论怎样，他奋不顾身地工作，似乎部分原因是家庭人口众多。他经常独自旅行或同男性友人一起旅行，既为工作也为观光，1855年也不例外。2月他同柯林斯在巴黎过了半个月，接着在7月携家人去了福克斯通（Folkestone）。11月举家前往巴黎，一直住到次年5月，其间狄更斯本人不时返回英格兰。从6月到8月，狄更斯与家人在布洛涅消夏。

此时他正在写《小杜丽》，但进展并不顺利，他给福斯特的信件里充满了焦虑不安。他最初的想法是主题化的——以《荒凉山庄》的成功以及他对克里米亚战争的看法为基础，他想探索"无人犯错"这个概念，而这也是这部小说最初的标题。但显然小说的写作成效不大，因为尽管他在1月就开始思索，5月的时候预期能在11月出版，但在8月和9月时，他还在盘算重新开始。小说以马赛监狱中的里高（Rigaud）和卡瓦莱托（Cavaletto）开始，这是狄更斯首次描写地理位置和周围环境都远离伦敦的非英国人物，显然不是盖斯科尔夫人所说的"狄更斯式"，在第二章当英国人走进小说的时候,他们也并不那么"狄更斯式"。尤其是亚瑟·克莱南(Arthur Clennam),几乎是一块木头——安静,寡淡无味,顺从认命,对他的家庭教育以及他在远东的生活(没有丝毫回忆)感到沮丧。书中还介绍了一些小人物,但小说直到第六章才真正获得一些能量,场景转移到马夏尔西负债者监狱,主人公小杜丽与她的父亲和兄弟姐妹就生活在这里。狄更斯曾对福斯特提起过,最初的目的就是描写一批人物之间曾经紧密的联系,他们最初似乎是不经意碰上的,像旅人在相同的场景中穿梭,只是为了分离和后来再不期而遇。

狄更斯又回到他在《董贝父子》中探索的一些主题,但此时金钱的来源比在《董贝父子》中更加多样化。主要的财富源泉是有成效的创造力。财产、租赁和贸易有更多的道德问题,财产的经营方式暗示着它们的用途。银行业要求慎重、精确和仁慈,并非天生就是腐败的。投资或投机则天生就是腐败的。狄更斯也探索金钱的用途,却发现通常都很糟。在《小杜丽》中,繁荣自身几乎就注定了财富会被滥用。主要的例证是,贫穷负债时杜丽一家相亲相爱地生活在一起,但在暴富之后,别说善良互助,就连说几句亲密的话,都被认为是丢脸。谁付钱,支持谁,这些安排是否合法,是这部小说持续关注的焦点。

爱像金钱一样流通,但大都无力对抗社会整体的商品化和家庭关系大规模的商业化。在《小杜丽》当中,狄更斯展现了一个由负债者和骗子组成的世界,其中有一两个正人君子,勤奋谦恭、默默无闻地生活,通常很不体面,鲜受尊敬,只是在最后关头,当所有希望都远逝的时候,才获好报。

狄更斯在《小杜丽》中不只是关注人性的阴暗面,他尤其关注英国社会和对英国公民产生影响的英国社会经济结构的阴暗面。"拖拖拉拉部"(The Circumlocution Office)和居于其中的巴纳克尔们、斯蒂尔特斯托金们在政府和社会中到处都是,确保促进公共利益的事一件也做不成,而其中所有的关系实际都很虚伪。"拖拖拉拉"原则甚至表现得比《荒凉山庄》里的大法官法庭更强大更重要,因为大法官法庭虽然触及英国社会的方方面面,但并没有像《小杜丽》里面的"拖拖拉拉部"一样限定它们。只有两种方式可以逃开它——流放与进监狱。

《小杜丽》的情节过于细致而老套。全书分为两部分,第一部分线索是穷困中的小杜丽一家人,第二部分线索是富裕中的这家人。这两部分过于简单,使得威廉和范妮成为狄更斯着墨最多、下笔最狠的两个人物。但是二人的效果被有关克莱南的情节的回环盘绕给削弱了：亚瑟久已失踪的不为人知的妈妈（她发疯致死），杰拉米·弗林特温奇（Jeremiah Flintwinch）的双生兄弟，以及克莱南太太神奇的复原，并且她的房子也千真万确地坍塌了。与此同时，里高/布兰多瓦（Rigaud/Blandois）刻画过度却又索然无味——太大众化，一丁点也不复杂，还十分无趣。相形之下就连《艰难时世》里的恶棍庞得贝，都妙趣横生。甚至伍利亚·西普（Uriah Heep）也有点意思。里高/布兰多瓦从始至终都诱使读者跳过他那部分。

在当时，狄更斯经常因为笔下人物不够复杂且缺乏深度而受到批评。比如，乔治·艾略特于1856年写道："他不能成功地描写人物的心理特征。"但是狄更斯笔下的许多人物都得到了漂亮的展现。尽管像朵拉或弗罗拉·芬沁（Flora Finching）或威廉·杜丽几乎一律是健谈的人物，他们通过对话或独白揭露了各自的内心世界。特别是弗罗拉·芬沁，最能恰如其分地体现狄更斯的几种写作风格。一方面，狄更斯以温特太太为基础塑造了弗罗拉。他实在讨厌温特太太的喋喋不休，并在1856年春推迟了约会。起初对于温特太太本人而言,狄更斯对于弗罗拉的描写近乎残忍。狄更斯很清楚,她会仔细阅读他所有作品。弗罗拉不只是肥胖,而且轻佻愚蠢。亚瑟发现她令人反感,颇为早先的感情不值。她还爱喝酒。但是狄更斯让她的舌头获得自由,她的许多联想机警有趣,还表现出相当的自知之明。她心地善良。小说结尾处,她是最令人喜爱的人物之一,或许是唯一真正惹人爱的角色,她对自己的失败、父亲的过错和 F 先生的姑姑的困境心知肚明,但是总的来说,她充分利用了世间万物,而多数人都做出了相反的选择。狄更斯凭直觉知道言语是一种叙事形式,因此说话人是对别人讲述自己的人生经历,也是对自己讲述。不只是弗洛伊德,还有巴赫金和其他小说理论家都持有一种观点,认为小说作为一种艺术形式的独特性源于许多声音的不协调以及相互补充,狄更斯在他们之前就这么做了。狄更斯还精于使用间接引语,作者在间接引语中以叙事声音使用五花八门的语言,这些语言在一般对话中出现,有时是整段,有时是只言片语。在第二十四章,艾米在弗罗拉家吃饭的时候,F 先生的姑姑没在餐桌旁。她"此时,在她寝室里,卧病在床",也就是说,像一艘仍在漂泊而尚未受命的轮船。狄更斯经常充分地使用这种方式。当普罗尼希夫妇（Plornishes）到监狱看望亚瑟时，叙事者指出"普罗尼希用他充满哲思但不易弄懂的方式，很温厚地怒吼着。你知道，有起就有落。别问达到巅峰的原因，也别问为什么跌入了低谷，这根本没用。你知道，情况就是那样"。这种对话形式经常起到打比喻的作用，但其主要效果是拓宽了小说的世界，参考并使用了大量口语形式的词语，而且强调了小说模拟生活这一观念。所有熟识狄更斯的人都同意，引用、模仿以及爱用大量丰富的英语语词是他显著的特征。他充分意识到语言和个性化行为如何揭示了人物的性格。

但是这一特征的另一面是，他经常倾向于将正面人物描写得安静、压抑或者谦卑，与道德中立或负面人物招摇的形象形成对比。狄更斯的最终意象，是亚瑟和艾米消失在城市的喧嚣之中，不只是描写了他们独特的命运，还浓缩了对他们的描写效果，这描写贯穿了整部小说。外围人物的吵吵闹闹已经分散了人们对正面人物个性空白的注意力。如果我们因强化这些人物的描写而称赞狄更斯，那么当时在他的职业生涯中，他的作品就是在宣称：个性就是自我的一种形式，如同在《老古玩店》

中那样，无法作为一个例外生存于世而不带有几分自我中心癖。艾略特所擅长而为狄更斯所短的便是剖析平静的人物，像《米德尔马契》(*Middlemarch*)里的罗莎蒙德·芬奇（Rosamund Vincy）。理解平静外表下的重重企图和欲望是艾略特的兴趣之一，也是她写作的力量所在——她经常将人物置于静态中描写，在静态中自由地揭示（或者作者自由地为他们揭示）真实的性情。狄更斯则是通过社会关系展现人物的真性情。如果他们离群索居，他便无法触及他们了。

《小杜丽》销量极佳。最初几期销量在每期四万册左右，尽管最后几期跌落到三万多册，较《大卫·科波菲尔》，还是要高出很多，几乎与《荒凉山庄》持平。有些评论家喜欢这部小说（萧伯纳说"这是一部比《资本论》更具煽动性的书"，显然是种赞美），有些评论家反感，还有一些人认为它太冗长。福斯特不喜欢这部小说，挑剔它创意的失败，批评它不够自然流畅。小说自1855年底到1857年中刊出，于6月份出版了合订本。

1856年，《小杜丽》写作期间，与狄更斯同龄的约翰·福斯特在四十四岁时娶了一个有钱的寡妇，这让他的朋友们很吃惊，甚至有点沮丧，其中便包括狄更斯。

福斯特和他的新婚妻子随即在上流社会的中心建起了豪华住宅,而狄更斯曾在小说中对上流社会不遗余力地加以痛斥,因此福斯特让他有点失望。自1850年以来,福斯特在政治上日趋保守,而同时期的狄更斯却越来越激进。狄更斯依然开诚布公地写信给福斯特谈论他主要关心的事情,但福斯特却不再像原来那样支持他了。结果,狄更斯的书信呈现出一种防范性的解释意味,使得这些信件尤其有参考价值。福斯特既然结婚了,对于婚姻便有自己的看法,他的认识产生于能力和观点的协调,这是狄更斯自己的婚姻中缺失的。狄更斯可能不同意婚姻与社会相结合对老福斯特有什么意义,但是他肯定注意到,福斯特通过运气或者良好的判断力已经收获了某些狄更斯自己失去的东西。

还是在《小杜丽》写作期间,狄更斯实现了另一个梦想,就是购买盖德山庄(Gad's Hill Place),肯特郡查塔姆附近的一座大房子,也是他儿时经常和父亲一起憧憬的那幢房子。狄更斯写信给一位朋友谈到了买房的事:"我和《家常话》的助理编辑一起……碰巧路过,这时我对他说:'看见那幢房子了吗?它对我有一种神秘的吸引力,因为我小时候从这经过时,认为这是我见过的最漂亮的房子（或许是因为它那棵著名的老雪松）。我可怜的父亲常常带我来看它，总是说，如果我长大了够聪明的话，可能会拥有它或者类似的房子……'"回到城里，朋友出去吃饭。第二天一早，他兴高采烈地来了，说："貌似你要得到盖德山庄的房子了。昨天给我带路去吃饭的那位女士开始谈论她的邻地。'你知道那儿？'我说，'今天我刚去过那儿。''哦，对。'她说，'我对那房子很熟悉，我小时候就在那儿，在他们称作盖德山庄的房子里。我父亲是牧师，在那儿住了好多年。他刚刚离世，把房子留给了我，我想卖了它。'"狄更斯当然无法抵制这样的诱惑。那房子不仅与他的童年有关联，还与莎士比亚有关——在《亨利四世》中法尔斯达夫（Falstaff）有一个著名的场景就发生在盖德山庄。

狄更斯的废寝忘食影响到他生活的各个层面。在1855年6月到1857年6月两年的时间里，他已经买了两座新房，轮流在福克斯通、巴黎、布洛涅和伦敦居住，除了演讲和做事还四处旅游。写作、编辑、公开朗诵并管理孩子们的生活，同时，他的活动水平较以往更高了。他对业余表演以及出品剧目的热情有增无减，导演了六部戏剧和一部闹剧，并在其中担任角色，所有这些剧目都在塔维斯托克之家小剧场演出。他写作的迹象，他行动的狂热，他关于私人和政治主题的信件，表明他在走向危机，他自己确认那危机来自家庭。狄更斯的生活看起来仍然是令人瞠目结舌的现代作派，他被各种对自由的诉求所制约，日益对维多利亚世界的典型方式感到厌烦。

第五章

狄更斯的朋友兼写作伙伴威尔基·柯林斯，写了一部名为《冰冻三尺》(*The Frozen Deep*)的剧本，像以往一样，狄更斯不只对剧本的谋篇布局提出建议，他几乎是合写人，只是作者署名为柯林斯。1856年年底剧本上演时，因为在塔维斯托克之家的"第十二夜"表演，狄更斯便身兼数职：导演、明星、舞台设计、剧院包场人以及动作指导。这部剧取材于1845年的一次北极探险，为了找到西北通道，富兰克林探险队所有人员都失踪了，传言是遇到了食人兽。狄更斯扮演探险队队长理查·华铎（Richard Wardour），柯林斯将他塑造成一个恶棍，但是狄更斯进行了改写，将他演成了一个愤愤不平、性格复杂而具有自我牺牲精神的男人，"不断在追寻，却永远找不到真爱"。1856年最后两个月狄更斯都在排练，有时集体排练，有时独自一人。据阿克罗伊德说，独白部分他一直保密，想必是知道自己将制造一场轰动。次年1月，他允许两个评论员同受邀嘉宾一起来观看表演，他们见证了他成功制造的轰动。所有观众都被深深地打动了。据柯林斯说："这戏真是太绝了！"一位评论员指出，狄更斯的表演达到了"不合理性"的深度（用弗洛伊德的方式解读，似乎源于本我或者无意识；用荣格的方式解读,好像来自集体无意识;用较为传统的方式解读,似乎具备了一种超出纯个体的力量,也就是"来自灵感",这是狄更斯完全熟悉的一种状态)。那晚的表演要求狄更斯必须在滑稽戏中迅速转换角色,先是变身为"约翰叔叔",但紧接着在跳舞过程中,一位出席的女士说狄更斯邀请她跳华尔兹,她"旋转得头都晕了"。狄更斯不再以小说中的角色为媒介,而是已经找到一种用自己的声音和躯体来表达生活感受的方式。在剧中,理查·华铎的愤怒失意与拱手将心爱的女人让与情敌的演绎产生了强烈的效果,燃起并释放出他在婚姻中长期压抑的情感。

和较为传统的雇佣阶层平民相比,小说家和演员的生活特点,在于一阵阵的情绪化与反复的环境改变——恋爱、离婚,以及各种各样的发泄。这种反复无常一般被视为艺术家情绪不稳的征兆,并被归于童年时代受到的伤害或艺术家自身的气质甚至自私。但我以为,真正符合狄更斯的,显然是他与作品的关系,从1849年《大卫·科波菲尔》开始动笔直到他生命终结,这段时间最为明显。每位小说家都会把对戏剧化精神状态的认知写到作品中。如果没有这种认知,他(她)便不会从事小说、戏剧写作,也不会对此产生兴趣。因为二者都以偏好叙事性或者戏剧性描写为基础。观众和读者都希望能发生点什么，而作者也准备好要描写一些可能发生的事。这种认知通常就植根于艺术家的经历，但是它也常常源于感性而敏锐的观察（二者对狄更斯来说无疑都是事实）。但是叙述或描写这些戏剧性事件的经验至少同其根源一样重要，因为小说家将情节推进、对其进行评论并做出反应；他从事件中获得认知并赋予其形式和意义，用一种更简单的方式说，好比用语言表达愤怒，有时能起到释放感情的作用，有时反而使愤怒加剧。一些可能还不成熟的事物，用一种类似心理疗法的方式叙述便会变得具体起来。小说家不像病人，他将故事定义为虚构，并因此与之保持一定距离，但是毕竟要学会阐释它。故事常常不能控制作者，如同狄更斯将在鞋油厂做工的几个月寄托在大卫身上之后，才谈到此事。但是他也可以了解自己真正的思想状态，那就是如果不把这些经历具体写出来，可能会留下心理阴影。在《大卫·科波菲尔》以及之后的每一部小说中，狄更斯都创造了理想的女主角——阿格尼丝·威克菲尔德，埃丝特·萨默森，西丝·朱浦（Sissy Jupe）和拉谢尔（Rachael，《艰难时世》中的角色），还有艾米·杜丽——同他对妻子的认识形成强烈对比。这些女人苗条、健康、勤劳、机智、合群、无私，而且尚未生育，她们有力量承受现实境况，同有些瑕疵但富有爱心的男人们有亲密关系。其中有一两个男人或隐或显地代替了狄更斯本人。在每一部小说中，这些女人都同另外一些女性形成对比，后者在小说结束时还得到男友的赞赏——朵拉、弗罗拉、戴德洛克女士、路易莎。在每一部小说中，狄更斯都明白，他正与笔下人物的幸福美满擦肩而过（他周围有两三个男人也过上了美满的日子——他那经常无力支付欠款而被他轻视的父亲，同他母亲的婚姻显然很幸福，维持了四十多年，是"我将永远都不离开米考伯先生"那种类型的结合）。对读者有启迪的作品，首先会启示作者；在一部雄心勃勃的小说中，故事情节与人物关系的展开过程通常是一个学习的过程。对狄更斯而言，小说一经写出便被发表，篇幅很长又分割成很多期，意味着保持主题发展与保持故事及人物的整体性是一个巨大挑战。作者最终领悟的或许与最初不同，而他领悟的东西参照了他的情感生活与符号生活的各个方面。

另外，他只有自己引导自己，自己审判自己。比方说，心理治疗师会对他产生潜移默化的影响，但当这位小说家将某些深意寄于笔端，勾画全篇摹写情感之际，却没有一位现身，去调解他绵绵无尽的幽情。狄更斯过的是一种公众生活，对他而言，通过评论、销量和朋友的看法这些世俗的思量，可以衡量他符合或违背主流思想的程度，因此也暗暗地像医师一样检验他最狂野的思想，但是反馈却是褒贬不一。高销量妨碍了他做出正确判断；他从不阅读评论文章；他开始支持福斯特和其他亲密朋友的观点。他的首要追求，就是要在观众中引起强烈的同情和怜悯，几乎总是能实现，不管是通过小说在一定距离之外产生，还是通过《冰冻三尺》的表演在当下立刻产生。当然他肯定会将这种同情解读为支持和赞成，推动他一点一点向着听从感受的方向前进，这感受他已经写了很长时间。

作家同作品一起生活在对话中，作品是他们精神生活的具体化。如果对作品的现实性不敏感，便不会成为一流的作家。至少他们天然地对自己和他人作品的艺术感染力十分敏感，并且狄更斯的书信证明，他在从事写作之初，便对自己所写的每一部小说都饱含热情，充满信心。1857年6月《小杜丽》搁笔之际，他已决意要改变。然而这个时期，让人误解也忽略了他当时脆弱的精神状态，这脆弱被他一贯的机智和活跃掩盖了。

1857年暮春，汉斯·克里斯汀·安徒生（Hans Christian Andersen）到盖德山庄拜访了狄更斯一家。狄更斯及其家人本以为他只会待很短的时间，谁知安徒生却舒服自在地住了五个星期（他走后，狄更斯在他住过的房间写下了这样一句话："汉斯·安徒生在此寝卧达五周——对我们家来说真是漫长无期"），后来安徒生也提过，他曾经注意到有时凯瑟琳会不太开心。家里的其他人也没有对他表现出特别热情的样子，这种氛围有可能是由他造成的，也可能这家人之间本来就存在一种紧张氛围，而他还硬是搅和了进去。6月8日，狄更斯的朋友兼同行道格拉斯·杰罗德（Douglas Jerrold）骤然离世。他们已熟识多年；另一位作家写道，"杰罗德会像猛虎一样扑向敌人，在他有生之年绝不放过；而狄更斯更乐于将对手一招毙命。杰罗德最执着，但狄更斯更高效"。杰罗德抛下了一妻一女，狄更斯马上开始安排朗诵或表演来救济她们。目标两千英镑，是狄更斯自信能够筹集到的一笔可观的数目。6月底，他对一大群观众朗诵了《圣诞颂歌》。7月4日，他和其他业余演员（女演员包括乔治娜·霍格思和他自己的女儿玛米和凯蒂）一道为维多利亚女王和她的大臣进行了《冰冻三尺》的私人表演，也极为成功。紧接着还表演了柯林斯的其他剧目，但是似乎计划内的表演节目挣不够预期的数目（狄更斯乐于让他的作品既精致又完美，经常超支），狄更斯同意在曼彻斯特一座大礼堂举办一场表演。当他前去看场地的时候，意识到乔治娜和他的女儿们不具备在这么大的空间里掌控台词的能力，于是便请一位朋友介绍一些专业女演员。

被雇来演戏的是特南（Ternan）一家，包括母亲弗兰西斯（Frances）和三个女儿范妮（Fanny）、玛利亚（Maria）和艾伦（Ellen）。弗兰西斯和查尔斯·麦克雷迪合演过不同的莎士比亚剧，是一位严肃而受人尊敬的女演员；父亲托马斯曾经经营过两三个剧场，也是一位严肃戏剧的专家，前不久去世了，阿克罗伊德认为他可能死于梅毒晚期。两位年长的女儿也是颇有成就的女演员。这家人的加盟在许多方面给演出增添了必要的能量。

狄更斯记录了首夜的演出效果，"把两三千人完全征服，都直挺挺坐在那里一动不动，看到顽固的卡品特一家在一旁哭泣颤抖……真是一件妙事……"玛利亚·特南虽然经验丰富，但在怀抱着垂死的理查德·华铎（狄更斯饰）轻轻摇晃时也忍不住啜泣，狄更斯只好提醒她注意完成表演。原计划只演两场,但是演出如此感人,只好又加演一场。对于在曼彻斯特的切身体验,狄更斯后来写信给柯林斯,"自从《冰冻三尺》演完最后一场,我获得了前所未有的平静和满足"。

9月,在唐卡斯特(Doncaster)城长跑周期间,特南一家在唐卡斯特一家剧院演戏。狄更斯为给《家常话》写一篇题为《两个无聊学徒的怠惰之旅》的文章,和柯林斯安排了一次旅行。柯林斯比狄更斯年轻,未婚,自从他本人对维多利亚时期生活的肮脏面有了相当的体验,就似乎不再在乎那些冒险之举。他们首站是苏格兰,在那儿爬山的时候出了点事,柯林斯扭伤了脚踝,狄更斯只好背着受伤的柯林斯下山,但这并不妨碍狄更斯带他去唐卡斯特。在那儿狄更斯同特南母女在一起,有几次是和艾伦相处,但是他们到底做了些什么只能通过狄更斯的信件和文章进行推测了。目前所知,艾伦在剧中演了一些小角色,狄更斯出场了两三次,观众看见狄更斯出现在剧场都欢呼起来,而后他突然离开,在一封信中写道:"唐卡斯特的不快之感依然强烈,难以言表,(清醒时)也不能有片刻安宁。"

10月,一场激烈争吵之后,狄更斯让凯瑟琳的女仆在他们的卧室里竖起一块隔板,好同她分开来睡。争吵的缘由无从知晓(尽管追溯到德拉茹夫人一事,凯瑟琳有足够的理由对他同别的女人的感情频频吃醋),但结果已无法挽回——他们再也没有像夫妻一样生活。此后,狄更斯似乎已不在乎越来越公开地表示对她的不满。

狄更斯一生对女人的感情一直很强烈。他提到过对玛丽亚·比德内尔的爱,一场为时四年、令他神魂颠倒的恋爱,这种感情也适用于他认为与之有关系的每个女人,感情的程度不变,方式或有不同。有时这种炽烈的感情积极乐观,就像对玛丽·霍格思、乔治娜·霍格思和他的女儿们;有时又消极悲观,数年来他一直流露出对他母亲、妻子和岳母的轻视与厌恶。在某种程度上,这些女人真正是什么样或者在别人看来她们是什么样,都不重要。狄更斯赋予她们一种特殊的象征意义之后,对于她们的情感就不允许有不同的看法。无论她们做什么说什么都只能强化他的看法进而加强他的感觉。他的作品表明他对一个女人应该什么样有着自己的认识。理想的女性角色,像埃丝特·萨默森和阿格尼丝·威克菲尔德,显然为许多像斯库顿太太和葛擂硬太太那样不理想的角色所制衡。他不理解女人,这一点已经是现代的共识了,与他同时代的其他男人往往都是如此。一旦开始反对他熟悉的那些特立独行的女人,他便不承认她们的主张有见地、有判断力且值得尊重,这是狄更斯性格的独特之处。他同男人们的交往可以有灰色地带,感情可以逐渐变化。他同道格拉斯·杰罗德吵过一架,但是又重新和好并竭力资助杰罗德的妻女。他同福斯特的友谊有了变化,开始对福斯特个性的几个方面表示不满,但从不曾彻底与之断交。他同萨克雷有时也合不来,很有可能意识到了萨克雷对他不断涌起的敌意和妒忌,但是他要么对萨克雷表示尊敬,要么保持沉默(直到在狄更斯离婚一事上萨克雷站在女方一边为止)。狄更斯时常生父亲的气,也会看不起他,但在父亲一生走到尽头的时候,他与父亲和解并善待父亲。但是,狄更斯同一起从事慈善工作的伙伴库茨小姐的关系,因为是基于普通的合作项目,他们之间大概是一种类似男人之间的友谊,而非亲密的感情,即便如此,一旦他觉得她背叛了他,两人关系便再也不能重回那种密切的状态。

  狄更斯觉得他为自己强烈的想象力付出了代价。9月他写信给福斯特说:"我总是深感对生命及其最高层次的觉察有一种奇妙的体验,多年来我自忖也真正感受到这种状态拖了(写小说)这一职业的后腿,却不能抱怨。"但是情况已经变了。他接着说:"但是对我们俩来说,岁月并没有使我们更容易忍受对方,对她对我都是这样,我不由自主地感到可能要采取措施了。"几天后,他再次写信给福斯特,借着反驳他的观点而再次声明他要采取行动的决定:"如你所知,她(凯瑟琳)的确温和顺从,但奇怪的是我们结合在一起很不般配……假如我明天病残,想到已经失去了彼此,我知道她会多难过,也知道自己会多悲哀。但在我复原的那一刻,同样的不匹配还是会卷土重来;没有一样东西能够让她理解我,或者让我们和谐相处。她与我性格不合。只需要考虑我们俩的时候,情况没有这么严重,但是理由一直在增加,因为我们努力凑合度日已经毫无希望。我已经看到降临在我身上的事正稳步到来,从玛丽出生的那些日子开始……"玛丽当时已经十九岁了。

狄更斯当时遇到的困境,在我们生活在离婚文化中的人看来是一目了然——只要他忠于婚姻,情况似乎就可以忍受,甚至值得拥有,但是回过头来看,备选方案的出现不只是改变了他对婚姻的全部体验,还改变了他对妻子的看法。事实上无论当时还是后来,除了狄更斯本人的陈述,说凯瑟琳已经不爱他或者她不愿选择继续维持这段婚姻,都没有证据。就连狄更斯也承认她依然"温和顺从",但他已经开始逐步重新安排他们共处的生活,以便给那即将到来的结局一个理由。10月,他写信给福斯特:"说什么都晚了,克制一下,别在山头乱跑——跟这个人说这些已经没有用了。"

还是在10月,特南一家从唐卡斯特返回,在伦敦住下来。艾伦在黑马克(Haymarket)街的皇家剧院找到一份表演的工作,之后两年大都在那里演戏。狄更斯似乎为她找工作出了力,还在10月中旬写了一封便信感谢剧院经理。但是如果他希望在新关系中马上获得感激,那可能就要失望了。他依旧处于一种烦躁和焦虑的交织状态之中,不能开始写新小说,也无法解决家庭窘境。实际上,在他的婚姻公然走向破裂并离婚的时候,作为公众人物,他遭遇了一生中最难堪的一面;他正在酝酿一则丑闻,其中要求他扮演恶棍的角色,无论愿不愿意,至少次年他便彻底扮演了这个角色。

与此同时,他正在向着以挣钱为目的而当众朗诵的方向前进。圣诞之前,他举办了两场《圣诞颂歌》的义务朗诵。深冬,为给医院的病童们募捐进行了演讲,医院本身周转不灵。他的演讲雄辩有力,一晚上便筹集了三千英镑(大致相当于今天的十万美元)。阿克罗伊德记述了一件小事,狄更斯曾和福斯特一起听一位剧作家朗诵自己的作品,之后还向剧作家演示了朗诵自己作品的正确方法。一位旁观者说,与剧作家的演绎相比,"角色仿佛都呼之欲出,几乎要在房间里游走"。维多利亚女王发话说想在一场私人朗诵会上听听《圣诞颂歌》,但狄更斯很不情愿,觉得他需要一名可以创造最佳效果的观众。然后他在爱丁堡一个大礼堂进行了另一场义务朗诵,开始有意识地让自己和作品为新的挣钱项目做准备。朗诵获得巨大成功,促使狄更斯下定决心执行他的想法,于4月举办了首场付费公共朗诵。票卖出去很多,观众从一开始便接受了这种形式。有人认为这种做法很异类,甚至有失体面,对此狄更斯从舞台上声明了他的基本判断:"凡是让公众人物与大众面对面的举措,对于彼此之间的信任和尊敬都是一件好事。"对于朋友们,他承认还有两个动机——不安定的个人生活使他尤其烦躁,以及他想在短时间内挣一大笔钱。

我们知道,狄更斯的全新尝试大获成功,我们也知道他在其中投入了激情和才智。事后看来,当众表演自己的作品似乎是水到渠成的事,是他几种非凡天赋的融合。很难理解为什么狄更斯不觉得当众表演和为挣钱而工作会有损其社会名誉。福斯特不太赞同,部分是因为在19世纪50年代他趋于保守,还因为狄更斯经过长年写作已经使小说写作变得受人尊敬。福斯特担心当众朗诵作品会危及狄更斯及其小说的受尊敬程度。而实际上,狄更斯并不受人尊敬。他刚刚在《小杜丽》中抨击了"受尊敬",还依然不能融入英国中产阶级的生活。他的行为依然是出于根深蒂固的对自由的渴望,尽管这样做的后果常常是痛苦不堪。他开始有了新的社交圈,圈内人比较年轻,更像威尔基·柯林斯,而不像福斯特;之前的一些故交,比如中产人士霍格思一家,他曾经乐于融入其中,现在也退出了。因此,着眼于狄更斯人生这个阶段同英国阶级结构的关系是有益的。他已经实现了双亲满心希望能被当作稳定的中产阶级成员的抱负,也让自己的孩子们毫不费力地过上了中产阶级生活。但是对于自己,随着困难不断增加和内心喧嚣动荡,他保留了自由地观察和批评的权利,并最终脱离了中产阶级。起初通过作品,然后付诸行动。当众朗诵是不仅仅产生货币结果的一场冒险。当它们作为既受欢迎又有钱赚的优质表演出现时，它们证明了狄更斯是超越阶级的，正如他本人所说，他是独一无二的、属于国家的财富，是"无法被模仿的"。因此他再一次预演了现代阶段，要求名人抛开对特定场所或背景的执着，尝试自由接受任何掏腰包的顾客的鼓掌欢呼。职业化的狄更斯，就像职业化的丽塔·海华丝（Rita Hayworth）[1]或者职业化的保罗·纽曼（Paul Newman）[2]，真诚地宣扬超越阶级的四海之内皆兄弟的观念。无论属于哪个阶级，教育背景如何，风格的细微差别或人物描写的纤毫不同或表演的风格多样，都能被所有观众理解。狄更斯之前在为朗诵而写作时，在为月刊和周刊写作时，在描写工人阶级角色的胜利和磨难时，在批判英国社会和文化时，都已经声明这一点。但现在，在当众朗诵和对观众做出敏锐的反应时（他总想让他们放声大笑或者嚎啕大哭，最好接连不断），他再次强调了这一点。

在伦敦首次朗诵之后，他继续有条不紊地进行朗诵，在伦敦读了三个月，然后在英格兰其他地方、苏格兰和爱尔兰又待了三个月。同时，他和朋友们在设法促成他

---

[1] 丽塔·海华丝，美国20世纪40年代红极一时的性感偶像。
[2] 保罗·纽曼，美国20世纪著名演员、赛车手和慈善家。

和凯瑟琳离婚。关系公开破裂的导火索似乎是凯瑟琳发现狄更斯送给艾伦一件珠宝，随后醋意大发，被狄更斯要求去特南家登门道歉。事情的暴露可能让狄更斯大为光火，他对凯瑟琳声明他们要分开（没有真实事件的记录，只有不同来源提供的几个版本）。他提议了一系列计划，包括在人前显得和睦，私下里用各种形式的分居以掩饰家庭破裂的实际，分居形式包括凯瑟琳独自移居法国，狄更斯和乔治娜留下照顾家庭和孩子。凯瑟琳一直都是慢吞吞的，逆来顺受，心地善良，这时无疑被发生在她身上的事吓坏了，便回到娘家求助，尤其是求助于她妈妈和妹妹。之后他们的冲突日益加剧，随之而来的是令人震惊的谴责和流言蜚语，主要是说狄更斯已承认和乔治娜乱伦，乔治娜才是狄更斯孩子们的亲妈。一位医生给乔治娜做了体检，发现她是处女，非难才得以止息。然而，狄更斯自此之后一直身陷流言之中，他自认是受害方，这种感觉伴随了他的余生。他对霍格思一家，以及在这一纷争中站在凯瑟琳一方的几乎每一个人都燃起了熊熊的憎恨之火。就连库茨小姐，最终也没有获得原谅。

　　狄更斯在离婚过程中表现恶劣，竟然试图不让孩子们同母亲见面,他宣称她一直是一个很差劲的妈妈,孩子们都不喜欢她,尤其是几个女儿(后来她们否认了这一点),以此为由来做出这一决断。其中一个孩子认为父亲的这种行为很"不道德",其他孩子认为他"疯了",但无论婉言相劝还是直陈后果,都没人能劝说狄更斯不要顽固到底。一旦他认定自己是霍格思一家的牺牲品,便着手同与之有关系的所有人断绝来往。在允许孩子们去见他们的母亲的时候,他还教导他们,如果碰巧他们的外婆或小姨在,要马上离开。

狄更斯打着自我批评的幌子愤而行事,公然表达了他的怒不可遏。5月25日,他给负责朗诵事宜的经理写了一封信,附加一张便条请他传播。这封信就是后来为人所知的"侵犯信"(the violated letter)[①],宣称离婚是凯瑟琳一直以来的想法,因为她不适合同他生活在一起;由于"性格上的某些怪癖"她从未照顾过孩子们,他们是由乔治娜抚养成人的。对于乔治娜,他还说"除了她是

---

① 狄更斯后来又宣称此信的付印和传播是未经他许可的。见 Patrick Leary, "How the Dickens Scandal Went Viral", from Hazel Mackenzie and Ben Winyard (eds.), *Charles Dickens and the Mid-Victorian Press, 1850–1870*, Buckingham: University of Buckingham Press, 2013, pp.305–325。——编者注

狄更斯太太的妹妹这一点把我们分开,在许多方面,我们之间毫无障碍"。他接着说这么做是为了别人好,孩子们关于家庭冲突的意见与他完全一致。不用说,别人的叙述与狄更斯本人的说法并不相同,主要当事人比如他二十一岁的儿子查理的所作所为与他说的不一致,凯瑟琳本人的叙述与狄更斯逻辑上也不相符。然而一旦他写下来,这对他来说便是事实真相,他固执地认为,他所做的一切,包括给了凯瑟琳一大笔钱,都是慷慨地为凯瑟琳考虑,"似乎狄更斯太太是一位出类拔萃的女士,而我是个财神",这种说辞被他的敌人们误解了,这些人背叛了他,一直都没得到他的饶恕。

信的大部分讲述了乔治娜的天真纯洁。最后一段开头曾谈到"两个邪恶的人",可能是他岳母和最小的小姨子,而他提到的"我满怀喜爱与敬意的一位年轻小姐的名字",则暗指乔治娜,但另一件小事表明他对其他流言非常敏感。萨克雷走进一家俱乐部,狄更斯也是那里的会员,有人告诉他,狄更斯和他小姨子睡到一起了,"没有,是和一个女演员"——当萨克雷的这个答复传到狄更斯耳朵里,他勃然大怒。

这封信四处流传,非但没有达到狄更斯期待的自我申辩的效果，反而煽动得谣言四起，招致了大家的不满。狄更斯没有预料到，负面的事情根本不可能厘清，他没有新闻代言人替他封口。紧接着他又公然犯了一个更大的错误。

他寻思有必要发一个公开声明来压制四处流传的谣言，于是就在6月初起草了另一封信，并送给各家媒体，还把它发表在《家常话》上。信中宣称，事情发生到这种地步并不要紧，对当事人也不是问题，问题在于"扭曲事实，极度虚假，令人难以置信，也非常残忍……其传播之广泛令我怀疑是否会有千分之一的读者细读这些字句，是否造谣生事者的臭气不会像污浊的空气一样触及他们"。这份在舆论泥沼中强词夺理的挣扎，一百五十年后，读来仍令人尴尬。这封信依然没有收到预期的效果，主要是能体谅他困境的人比他预料的要少得多，因此随着新旧推测交叠在一起，流言进一步扩散而不是终止。狄更斯希望这封信出现在几家刊物上，但许多媒体都拒绝刊登，其中知名的是《笨拙》(*Punch*)杂志，其出版商布拉德伯里和埃文斯也是《家常话》的出版商，《笨拙》团队包括萨克雷和另外几个人，狄更斯离婚之后同他们的关系再也没有恢复到之前的亲密程度。

在 5 月就解决离婚问题而进行的合法调查过程中，双方都有各自指定的受托人。狄更斯的出版商弗雷德里克·埃文斯（Frederick Evans），连同他的朋友，《笨拙》的编辑马克·莱蒙（Mark Lemon）受任为凯瑟琳的受托人。显然他们在为她做事的时候有些别扭。尤其是埃文斯，还做了她的保护人（她后来搬到离他不远的一所房子里住）。狄更斯绝对不能理解，形势要求她的两位受托人全心全意为她做调查，于是狄更斯同这二人断绝了关系并认为其行为不可原谅。由于其中一位是他的出版商，那便意味着他所有的出版合同，包括《家常话》，都必须重新商定。起初，狄更斯试图买断属于布拉德伯里和埃文斯的四分之一的杂志股份，但是他们不卖，于是狄更斯在 11 月宣布他要终止这份杂志。1859 年 2 月，他开始编另一本同类杂志，名为《一年四季》，他和副总编 W. H. 威尔斯分别拥有 75% 和 25% 的股份自行出版。他的小说则重回查普曼-霍尔公司出版成书。原来的出版商爱德华·查普曼建议他返还为《马丁·朱述尔维特》预付的部分资金时，他同查普曼断交了。查普曼公司后来被爱德华的一位亲戚弗雷德里克·查普曼购买，他有一个更大也更商业化的运营计划。

狄更斯的离婚让他所有亲朋好友都接受了一次考验。当然，也考验了他的传记作者们。他的行为始终都很仓促，而且只顾自己，时常发火又显得无情。凡是违背他的意愿、反对他的观点的人，他都不能理解，也不会赞成，始终如此。愚蠢的是，他主动把隐私搬上了公共舞台，无形中破坏了自己的名声却丝毫不自知。像他的朋友们一样，他的传记作家需要在一定程度上对他的行为进行解释，特别是善良和仁爱一直是他事业的两个标志性品质。他的女儿后来说："这件事表明了他内心最脆弱的东西是什么。"暗示这种长期扭曲导致的行为模式已是他性格的一部分，而他离婚期间的举动是一种极端的爆发。阿克罗伊德在他的传记中不断用事实证明狄更斯通常是带刺的，总认为自己是牺牲品，一旦事情出现差错就习惯性地试图指责别人。阿克罗伊德发现这种行为的根源在于狄更斯性格上的高度敏感（不只是轻视和伤害，对所有事都这样）与童年时遭遇的各种羞辱和难堪。像往常一样，他高度紧张地感受事情。他的感情已经压抑得太久，一旦开始展现，便把内心深深的不满连同长期的压抑一起表露出来，结果便不可遏止地发泄出更多的东西。

在他的行为中我们还看出一种类型,这在现在的离婚文化中比在狄更斯的时代更为人熟知——一个内心矛盾、充满憎恶和渴求的男人,将忠诚转移到另一个人身上。同新欢相处要求他压抑自己的需求或克制对她的反感来讨好她,所以他便迁怒于旧爱,那个曾经呵护体贴的丈夫彻底改头换面成为一个暴君,为了维持婚姻而要求他继续体贴的时候,他便完全不能掩饰了。怒火越强烈,他越需要自我标榜,直到这个男人貌似不是"疯了"就是"不道德",在他的女儿们看来狄更斯当时就是这样。与此同时,这个人还翻来覆去谈论所有的情形却忘了基本的目标,正如他在一封公开信里宣称,"造成了这种局面,但用意是良好的,相关人士需忘却它的细枝末节"。当然,谁都不可能那么快就忘记这件事,没有人忘记。尽管凯瑟琳的余生一直都保持着对丈夫的忠诚,购买他的每一本书,追着看他的每一部作品。阿克罗伊德没有记录她那一方发怒或反责的证据,无论公开表达还是个人写作中都没有,她只有不情愿地接受他泼在她身上的脏水,并且随着时光流逝,减少同孩子们的隔膜(尤其在狄更斯死后)。查理是她的指定保护人,同萨克雷、埃文斯和其余他父亲不肯原谅的人都保持着良好关系,并最终违背父亲的意愿,娶了埃文斯的女儿为妻。

狄更斯丰富的人物图谱,包括乌丽亚·西普和大卫·科波菲尔,里高和亚瑟·克莱南,经理卡克和乔伊·拜戈斯托克,侏儒奎尔普和约翰·詹狄士,尼古拉斯·尼克尔贝和山姆·韦勒,暗示出他完全是在随意地想象愤怒、操纵和罪恶。无论他从各个角色获得的灵感是什么,每个角色都从作者有移情作用的想象中获得了生命,通过与人物特征相结合而活跃起来。狄更斯笔下的邪恶角色通常都不同凡响,精力过人。他们表明狄更斯在离婚时表达的愤激和渴望对他而言绝对熟悉,毫不陌生。对于他平素里有条不紊的生活中爆发出这种情绪,人们可能会指责他,或许也会感觉在意料之中。一些同时代的作家对他的行为感到惊恐,他们不会这样失控,情绪不会这么强烈,他们的作品也不会反复深入探究这些负面情绪。狄更斯又一次格格不入,在情绪方面比周围的人表现得更自由更坦白。而正是这种自由和坦白,促使我们将狄更斯,而不是萨克雷和艾略特,同莎士比亚相提并论。

艾伦·特南认识狄更斯的时候,年仅十八岁,在事业上既没有自信，也不如两个姐姐有成就。那些承认艾伦存在的狄更斯传记作家们（这当中不包括福斯特，虽然狄更斯从一开始便写信给他，谈论自己的感情。然而福斯特在传记后附上了狄更斯的遗嘱，其中留给艾伦·特南一千英镑）一直很好奇，狄更斯发现了她哪些勾魂摄魄的魅力，以至为了她宁愿将一生掷入舆论的喧嚣当中。除了在狄更斯传记中对她的评论之外，她一直是许多流言蜚语的主题，不过总归还有一部她自己的足本传记。从此时开始直到1870年事情结束，她在他生命中一直很重要，然而却没人能够断言她是不是他的情妇，有没有给他生过孩子，甚至不能断定她是不是也同样爱他。几乎每个传记作家能够做的都是从他晚期小说中的女性角色和他对姐姐范妮、玛丽·霍格思和乔治娜·霍格思（天使般的人物）明显的喜爱，以及他对妻子和母亲的毫无兴趣（母性化人物）来推测。这些事情很有意思，如果我们知道事情的真相就会更有意思。而真正有趣的是，它们如何揭示出狄更斯的隐秘，这种秘而不宣的行为部分是因为他是名人，也是迫于维多利亚时期社会的特征，在那个社会环境中，女人的名声不好会有损她的社会地位，而且从这事的开始也表明了他的个性，这些特征表现在他离群索居又隔三岔五地宴饮，表现在他喜欢乔装打扮上，表现在他雷打不动的散步上，表现在他乖戾地试图把父母扔到与世隔绝的地方，还表现在他把早年生活经历深埋心底这种方式上。

1857年8月是狄更斯生活的转折点。在此之前他一直过着职业化的生活，家庭生活也在一定程度上禁得起公开审视。他的隐私和矛盾心理则通过社会活动、小说写作和戏剧表演表现出来。与艾伦相识之后，他过起了双重生活，将时间和活动进行了区分：什么可以做，什么必须做；将工作公开，而感情生活绝对保密。那个开创了"维多利亚英语"的大人物，那个拥有舒服、惬意、忙碌和欢庆的家庭理想的人，之后便过着与理想直接冲突的生活。他善于这么做，也的确这么做了，于是同事、朋友、家人和大众不知道他有些时间是在哪儿度过的，也不知道他是怎样度过的。人人都清楚，从那时起，他的健康在恶化，生命力在减弱，但是大家都将这种恶化归因于他倾注大量精力的当众朗诵。他的秘密生活隐蔽得很好，没有一位传记作家能够很权威地衡量这种生活带给他的得失，无法推测他本人如何看待或判定这种生活，无法得知他对艾伦的感情如何发展，她是否满足了他曾对福斯特提起的对真正亲密关系的渴望,是否弥补了他对妻子的不满,他同艾伦在一起是否至少找到了星星点点的安宁或者只是继续受到挫折。没有人说过艾伦性情怎样。数年后一位熟悉她的人写道,作为一个上了年纪的女人,她"机智、热情、有同情心,迷人、有教养,有慈悲心",她欺负她丈夫,还"大闹过几场",她任性、取笑人,还是个"烈性子"。但是无法知道其中哪些是她与生俱来的品质,还让狄更斯因此迷上了她,哪些是同一个大她三十来岁的男人有某种关系之后才有的品质。这个男人怎么对她,至今仍是个谜。

当今离婚时代已经表明,在相互关系中,个人的行为模式有时会以有趣的方式发生变化,这取决于在早先的关系中这个人对自己的了解。通常男人或女人会通过医师的帮助,或通过有同情心的朋友,乃至通过书本来学习这些经验。现代生活中"重复犯着同样的错误",或者是再三再四地犯错的人是令人讨厌的。如果我们考虑到狄更斯还没有从离婚文化中受益(离婚文化对婚姻问题有指导作用)就进入了一种再婚状态,他"再次犯了相同的错误",很有可能他的行为依然如故,同艾伦在一起就像同他一生中的其他女人相处一样——指手画脚、吹毛求疵、芒刺在背，对于轻蔑十分敏感，同时善良体贴，慷慨大方，生龙活虎，性欲旺盛，但是艾伦是否曾为他生儿育女的谜团反映出两人关系的神秘。他的十个孩子当中有许多在临近成年时都让他心烦，可能狄更斯决定，节欲是比较明智的举动。他几乎竭尽了全力，所以保密工作很成功，但是他的健康每况愈下表明这种自相矛盾的生活的代价是昂贵的。最起码，他当时又有了不时旅游的由头，有两三处家，有时租好几间房，没有一处可以让他长久居住。

1859年之后的十一年里，狄更斯生活非常隐秘。1934年之前，艾伦的住所根本就没有暴露过。他的家人、朋友和观众见到的是一个疯狂消耗自身精力和健康的人，努力举办了几场情绪强烈的当众朗诵，同时还编辑一份周刊，写三部主要小说——《双城记》(*A Tale of Two Cities*)、《远大前程》(*Great Expectations*)和《我们共同的朋友》(*Our Mutual Friend*)。评论家们在天使般的露西·马内特身上，在遥不可及的艾丝黛拉身上，在爱打趣又渴望金钱的贝拉·威尔佛身上已然看到了艾伦的身影。当然，从作者的作品推测他的思想状态是值得尝试的，狄更斯确实有一段时间曾在作品中简洁地描写同伴——《荒凉山庄》里有雷·亨特和乔治娜·霍格思的影子,《小杜丽》里有玛丽亚·比德内尔·温特。但每次他给人写信(通常是写给福斯特),都会说起他正在做的事,谈谈他怎样修饰人物原型使其更难被认出来。狄更斯死后,他的女儿坚持认为他不懂女人,而实际上他完成的最后三部小说中,对女性的描写较早期更复杂也更有趣。比如人们认为《双城记》中对普洛斯小姐的描写笔墨简洁,层次丰富:"劳瑞先生知道普洛斯小姐很爱吃醋,此刻透过她古怪的外表,他清楚她也是那无私人群中的一个——只在女人堆里才能找到——她们心甘情愿地当牛做马,只为心存爱慕,她们已青春不再,从未美丽动人,也不曾知书识礼,暗淡的生活中绝没有闪闪发光的希望。"故事并不是从弗罗拉·芬沁开始,在一开始芬沁的主要特点就已成型,然后渐渐深入发展,他用叙事者的语调瞬间便将普洛斯小姐定义为复杂人物。她不像弗罗拉和托克斯小姐,不必靠滑稽可笑谋求出路(狄更斯作品中经常把身材不迷人的女子描绘成可笑的模样)。证据虽然薄弱,但可以看出狄更斯从离婚的严格考验中加深了对女人的了解,并且转而就在作品中表现出来。

1837年,狄更斯还年轻,新婚宴尔之际,托马斯·卡莱尔出版了《法国革命史》(*History of the French Revolution*)。狄更斯后来说,无论去哪儿,他都随身携带这本书,并在几年的时间里多次阅读。1840年以后,狄更斯在一次宴会上见到了卡莱尔和夫人简,他很尊敬卡莱尔,并与之建立了友谊,虽然看起来更像是狄更斯的一厢情愿(他告诉福斯特:"我要走远一些……只为见到活着的卡莱尔")。卡莱尔的感受更复杂,部分原因是他对小说没有敬意,也不尊敬小说家(尽管他的写作风格和编史风格更有小说倾向,会让现代人觉得不太客观和专业)。无论怎样,到1858年开始构思《双城记》时,狄更斯对卡莱尔的《法国革命史》以及对法国大革命重要特点的解读已经滚瓜烂熟。彼时狄更斯还前往法国,次数之频繁,兴致之高昂,到了使他认为自己不只是亲法,而是一个流亡在外的法国人的地步。他说一口流利的法语,实际上还通过《小杜丽》中的米格斯先生挖苦了那些只有提高嗓门才能让外国人听懂自己说话的英国人。他后来在《我们共同的朋友》中的波茨纳普身上拓展了他对思想狭隘的英国国民性的讽刺。

原计划是用《双城记》为《一年四季》试水,狄更斯3月的时候似乎已经开始认真地写作,准备4月底出版。之后,小说以周刊形式出版发行,一直持续到11月。从商业上来说那是一次巨大成功。第一期卖出十二万册(当然,尽管一部分销量肯定是出于对新杂志的好奇),此后的销量稳定在十万册左右。月刊销量不如周刊好,但其合订本一直是狄更斯全部著作中销量最稳定的畅销书。

狄更斯计划用这部小说尝试一些新鲜事物,无论朋友们和批评家认为成功与否,他都写出了一部不同于其他作品,并且在某些方面也不太"狄更斯式"的小说。与《巴纳比·拉奇》的处理手法相比,他更为有力地掌握了历史小说的需求(或许是不可能性),他能够有意识地抑制自己习惯性的想象,尽可能真实地表现不可表现的事物——即作者没有亲历过的历史时期。

历史叙事重在阐述并忠于事实,而历史小说的悖论就是,它意味着要用历史叙事不能做到的方式赋予过去生命与精神。当然,某些历史时期极富戏剧色彩,只是设想走进那段历史便相当有诱惑力。另外,像狄更斯这样的作家,既对庞大社会系统的运作抱有兴趣,又对现行系统如何形成感到好奇,故而天然地爱好历史。小说最初发表的时候,似乎真实而忠诚地回顾了某段时光,但几乎每一部历史小说都是匆忙设定一个时代,随后很快成为它自身时代而不是小说设定时代的缩影。就连最简单的发现新材料这样的事,都可能会成全一部历史小说,但即使没有新材料出现,作家为模拟前代而选用的风格,也可能不允许再这么做。对于所有融入小说的研究而言,对于所有它似乎具备的重要性而言,历史小说总是最短命的文学体裁之一,它非常清晰地展示了作者学识和想象的局限。

狄更斯坐下来为这部小说寻找材料时,卡莱尔夫妇派人将一大箱子书从伦敦图书馆寄给了他。他试图不与卡莱尔的解读相冲突,而是赋予它一个有灵有肉的精彩故事。法国大革命过去还不满百年,是他祖父母生活的年代,对他而言可以复原,就像第一次世界大战对于我们一样。福斯特后来说,狄更斯需要事件、历史和情节来驱动人物,而不是他让情节产生于人物及其所处环境这样的惯常模式,狄更斯的信件也支持了这一看法。特别是,他想让人物通过行动而不是对话来发展。小说达到了狄更斯的预期——一众人物的确看起来要么更模糊,要么更普通,完全取决于读者的品位。福斯特不喜欢这部小说,而狄更斯必须不时为之辩护。他喜欢这部作品,像以往一样,说他认为这是他写得最好的小说。学者和评论家一直不能像读者们那样垂青这本书,但它仍有许多值得称道的地方。

一方面,这是一部令人兴奋的小说。与《小杜丽》不同,《双城记》的情节紧凑清晰,像童话故事。狄更斯首先勾勒出了西德尼·卡顿和马内特先生。他被自我牺牲的思想(像《冰冻三尺》里一样)和长期被监禁这样的构思所吸引。在我们看来,这部小说情节的紧凑似乎不够文学——有点好莱坞的味道——事实上好莱坞也的确出品了若干有名的《双城记》电影。但是,除却重复狄更斯长期以来所写的人际关系这一主题,以及每个人都与别人相关联这一事实,小说还尖锐地指出政治伤害和复仇的道德复杂性。

狄更斯对于大革命之前的法国贵族决不宽容。作为一个群体(以"大老爷"为代表,要求四个人服侍他吃巧克力),作者让他们呈现出如下嘴脸:压迫穷人,行为残忍,封闭在一个专为自己营造的虚幻世界里。两个贵族不仅强奸佃户的女儿,谋杀她的哥哥,杀害一个孩子,让佃农们穷困潦倒,饥饿而死,还提倡将畏惧和驯服作为统治模式。如果将关于大革命之前的生活那几部分摘选出来连缀在一起,读起来会像是对革命的号召。狄更斯表明他洞悉是什么日复一日影响着民主党人的愤怒和热情——他们对于先前统治者无尽的仇恨,正是统治者亲手播下恶种,在时机成熟时必然要收获的果报。

这次重大历史运动的来龙去脉里,个人的选择空间虽然不多,但似乎还是有的。主人公查尔斯·达奈没有选择盘剥农民来获利,而是去了英格兰工作,要过一种诚实的生活。但是在收到先前的管家从监狱写来的书信时,他敏感地意识到自己身份的道德不确定性:"他很清楚,在对露西的爱情中,他放弃自己的社会地位……草率而不彻底。他知道他应该有条理地解决这个问题,他曾有意要这么做,却从来没有做过。"此外,他被诱惑了。他很好奇。不知道自己是否仍然能产生一些良好的影响。如狄更斯所说,对他而言,大革命已经成了一块"吸铁石"——"脑海中滋生的一切,促使他漂泊前行,越来越快,越来越稳定,直到成为无比有吸引力的人。"这是一个激发灵感的绝招,巧妙处理了达奈不可能回到法国这一问题,并且揭示了狄更斯新近向变化和喧嚣让步的心理过程。情节随着达奈不可能做出的这一选择而改变,而且完全令人信服。

事实上，这本书的一个主旨就是这种诱惑——未知事物的诱惑，尤其是暴行所体现的诱惑。就像共和党人在跳卡马尼奥拉舞时的让步，就像艾蒙德兄弟强奸杀人那样，就像德法日夫人为了告发露西和她的孩子而去搜寻一样，统统屈从于诱惑，从而启动了自我毁灭的开关。小说推动了弗洛伊德之前的人性分析——超我的严厉与不现实最终被本我推翻，释放出巨大的具有毁灭性的自然力量（暴民经常由火与血的意象来表现），没有为自我的运作留下理性的中间地带，这个自我经常由个体之间对与错、责任与选择的道德关联所定义。本我产生的恐惧——即指共和党人——不具备超我造成的道德乖僻，因为自我（理性）没有错误地参与审判非人性行为。共和党人知道他们正在杀害别人，但贵族却视农民为牲口。共和党人也知道，死亡近在眼前。有一段文字很有趣，露西恳请德法日夫人，"作为妻子和母亲"，发发慈悲；德法日夫人回答说："有生以来，一直看到我们的姐妹们和她们的儿女受尽种种苦难，一贫如洗，衣不蔽体，缺吃少喝，疾病缠身，百般痛苦，忍受各种压迫和怠慢。"

"我们从没有看到过别的东西。"复仇女神

的化身（德法日夫人的朋友）回话说。

"我们已经忍耐很久了，"德法日夫人说。"你想想，一个妻子和母亲吃一点苦，会让我们有多难过？"

和《小杜丽》中的人物一样，《双城记》的角色也深陷于过去。革命提供了一个有趣的综合性答案——摧毁机构，破坏关系，摧残市民，瓦解过去的思想模式。在这个意义上，紧跟他早期小说中最后的意象的，便是恐惧。不愿让个人在"通常的喧闹声"（usual uproar）中被消磨，就清除这种通常的喧闹声，再看看情况会怎样。但是结果更为糟糕——常见的喧嚣给不寻常的喧嚣让路，给更具破坏性的喧嚣让路。

只有西德尼·卡顿没有选择身陷过去，狄更斯为他提供的解决方案是具体的——他明白，与精神生命相比，他的性命毫不重要。他同达奈交换身份，奔赴绞刑的时候，同另一个人有了关联（他安慰的那个小缝纫女工）并充分意识到他这个人将会继续存在于那些爱他的人的记忆和关系中。更重要的是，卡顿死的那一刻，狄更斯写道："我是复活，我是生命，主说：'虔信我者，虽死犹生；信仰我者，永不死去。'"在超我、本我和自我纷纷败北的世界，只有精神取得了胜利。卡顿几次宣称，他不认为死亡就是牺牲。现代评论家同他发生了争执，但狄更斯在最后非常肯定地宣布肉体死亡能够也应该被视为一种形式的转换，既不是牺牲也不是投降。

狄更斯的宗教信仰经常是争论的主题，部分是因为他借《荒凉山庄》中的查德班（Chadband）和《小杜丽》中的克莱南等人，无情地嘲讽了福音派教义，但是他从未转而提供另一种信仰。基督对于他是不断解脱的形象。他认为，爱情、善良、宽容、仁慈、庆祝、慈悲、欢喜、博爱和纯真都源于基督与圣诞。不只是福音派教义，英格兰教会和天主教教会也是腐败且不负责任的，上述概念被这些有组织的宗教所覆盖，并不意味着它们已不存在或者不现实，只不过其存在感和现实性主要存在于个人心里以及个体与个体之间。

当然，有了最近生活中的烦心事，还有感情的狂烈，狄更斯为小说选择最激烈且有可能的主观事件是不足为奇的。他应该饶有兴味地来描绘。作者们经常选择与精神状态相类的主题并成功地从个人困境向社会甚至宇宙困境推演。看到这些类比并使之易解可信，是小说家的功用之一。狄更斯尤为有趣的是,现代文化各个方面他几乎都参与了,没有错过一丁一点。在意识形态动荡的20世纪落下帷幕之后来读《双城记》,会再三被他洞察力中的前瞻性打动:如德法日太太所说,新制度无法与"消灭"二字完全区别开;旧制度不会明白自己错在哪儿;个人淹没于集体;集体怀疑任何(像德法日那样)表达疑惑的个人,无论他的"革命文凭"有多么受人尊敬;意识形态凌驾于人与人的关系之上;爱情的破灭(像德法日夫妇);揭发带来的道德纠葛。狄更斯说,他没有在卡莱尔的深刻见解之外再附加新东西,但是他清晰而有条理地使这些见解贯穿了人物和情节,并且在此过程中,把革命作为了现代性分析的另一个方面。

每一部小说都是作者用新方法解决不能解决的难题的机会。《小杜丽》无序而折磨人的情节(情节要求小说在最后给出一个解释,以使相互之间的关系清晰明了)之后,紧跟着就是《双城记》清晰而扣人心弦的情节,这并非偶然。狄更斯早期的小说更受评论家的好评,而后来的小说更流行,也并非偶然。后期作品中行为为主产生了悬念,早期作品中人物主要引发思考与分析。但《双城记》同早期小说一样明智,一样深刻,也一样荒凉，因为除了通过死亡、救赎和时光的流逝，它并没有努力解决超我与本我之间的冲突。

狄更斯同乔治娜和孩子们一起住在盖德山庄，并在那里写完了《双城记》的大部分。原先温馨的生活几乎已被抛在身后。他不再同早先的同伴们说话，心情沮丧，身体欠安。一位波士顿出版商前来拜访他，试图说服他开展一次美国朗诵之旅。狄更斯欣然同意，同各种商业节目赞助人进行面谈，一直延续到次年。但是一件事都还没定下来，美国内战就爆发了。与此同时，10月，他周游各省，像往常一样得到观众丰厚的回报——泪流不止，哈哈大笑，掌声不断。不能否认，他的生活现在较有秩序了，他能更好地处理烦躁不安的状态，依然在乡间进行长途散步。他从事《一年四季》的工作，给乔治·艾略特又写了一封信，并同她和 G. H. 刘易斯（两人一直未婚同居，尽管他称她为"刘易斯太太"）共进晚餐。他邀请她为杂志写文章，但她抽不出空来。他为各种慈善组织举办了几场演讲。《双城记》结束与《远大前程》动笔之前，其间约有一年零两个月的时间他没有写别的小说，但是在《一年四季》发表了一系列文章，后来收进了《非商业化旅行者》(*Uncommercial Traveller*)。

7月，他的二女儿凯蒂嫁给了威尔基·柯林斯的兄弟查尔斯。凯蒂二十岁，性格活泼，迫不及待地要离开家。她爱上过狄更斯的一位朋友，但男方不负责任，后来她说，嫁给柯林斯不过是为了逃离"一个不幸福的家"。显然，7月17日的婚礼是一个喜气洋洋、充满祝福的时刻，但当大女儿在婚礼结束后去凯蒂的房间时，"看见父亲跪在地上，头埋在凯蒂的结婚礼服里，泣不成声"。他说："如果不是我，凯蒂不会离开家。"狄更斯离婚时，他的孩子们都是十几二十岁。可以说，他活着的九个孩子中，只有亨利一个人事业有成。别的儿子像他们的爷爷和叔叔一样不负责任，挥霍金钱。玛米终生未婚，凯蒂婚姻也不幸福。狄更斯发现他的儿子们莫名其妙地不能安心工作，一事无成，这并不说明他是一个失败的父亲，是他们自身有问题。孩子们没出息，同他年轻时的雄心勃勃、精力充沛相比，他发现他们总是在索取。他的小说里有很多无所事事的年轻人——比如，《艰难时世》里的詹姆斯·哈特豪斯，《我们共同的朋友》里的莫蒂默·莱特伍德（Mortimer Lightwood）和尤金·瑞伯恩（Eugene Wrayburn），他们举止轻浮，对有抱负的狄更斯式角色布莱德雷·海德斯东（Bradley Headstone）和查理·赫克萨姆（Charlie Hexam）来说，这样的举止实在太丢脸。孩子们的困境让他费解，但我们理解起来却很容易：在他们最脆弱的年纪，要面对父母糟糕的婚姻和令人痛苦的离婚；一个行踪诡秘、要求严苛、反复无常的父亲，大多数时间同他们分离，时常带他们辗转迁移，父亲本人变幻莫测——富有魅力和爱心，但也经常疏离而愤怒；一个保姆（乔治娜），无论她品质有多美好，在接管照顾他们的任务时，比最大的孩子也大不了多少；父亲的成就斐然，对他们也是压力。很难不从他描写的几个错综复杂的大家庭比如《远大前程》里的普凯特一家，或者《荒凉山庄》里的杰利比一家中看出他自己家庭的一些影子。尽管在这些描写中他把所有过错都归结到母亲们身上，但我们或许应该说，在狄更斯家这样的家庭系统里，孩子们并不能茁壮成长，而他们也的确没有。

第六章

就在凯蒂婚后,狄更斯的弟弟阿尔弗雷德去世了。狄更斯把他的家人(包括五个孩子)带到了伦敦。他卖掉了塔维斯托克庄园,把大部分家具留给了姐姐,她当时照顾着他们的母亲,母亲似乎患了老年痴呆症。从那时起,他就定居在盖德山庄,尽管也会在租来的房子里小住,也会在为特南在伦敦霍顿广场买的房子里住上一段时间(1881年她转出了房子的租约)。1860年10月初,他着手写作《远大前程》。

狄更斯一直在构思,最初构想的可能是皮普(Pip)和麦格维奇(Magwitch)(后者既是前者的神秘恩人又是一名罪犯),他认为这主意很有趣,是古老喜剧风格的回归。他最初是想写一部与《小杜丽》篇幅相当、形式相近的小说——月刊二十期。他觉得《双城记》每周刊出的进度太耗人了,篇幅也受限。但是《一年四季》的发行量和经营利润持续下降,甚至威胁到杂志的收支平衡,因此他一动笔,便开始发表小说,好盘活杂志运营。尽管有过几次情绪低落,身体欠安;尽管心情郁郁,悲哀沮丧,他并没有丧失创造力。三十六期小说顺利写完了,狄更斯像往常一样,对它们很满意。

福斯特等人赞成狄更斯回到更具喜剧特色的风格,

但在某种程度上很难明白这指的是什么。小说以站在墓地的皮普开头,墓地位于肯特郡沼泽地区的小村庄,皮普的父母兄弟都葬于此处。这个看上去八九岁的男孩周围的每一个人都是要么残忍,要么愚蠢,包括好心的姐夫乔·葛吉瑞(Jo Gargery),他不能保护皮普(或他自己)不受皮普那蛮不讲理的姐姐的虐待。《大卫·科波菲尔》开头所呈现的接纳与爱带来的暖意(后被默德斯通姐弟俩破坏),幼年受宠的光环与慈爱的呈现,在《远大前程》中全然不见,皮普的世界只有粗暴的纪律与嘲弄。当郝薇香(Havisham)小姐出于某种神秘的理由招徕皮普为伴的时候,她和艾丝黛拉生存的世界比小村庄的环境更为怪异,而郝薇香小姐和皮普的姐姐一样乐于谩骂和嘲讽他。乔的慈爱陪伴并不能改善皮普的状况,因为只要被他姐姐看出一点两人合作的蛛丝马迹,就会招来更多的憎恨。这三个女人加上普凯特太太(完全不负责任又自以为是)和郝薇香小姐的女性亲戚(一群盼着她死后能分一部分财产的寄生虫)所表现的女性的丑陋面,很难由村里姑娘比蒂来抵消,她似乎是爱皮普的,但只是狄更斯笔下另一个未能很好刻画的埃丝特·萨默森。

另外,皮普不断怀疑自己的意图和本性,并被此困扰。大卫知道世界的不公是因为世界原本如此,而皮普则有一种强烈的罪恶感,这种罪恶感使得他面对明显的不公时态度更为摇摆不定。他自认为应对自己的无知负责,而在读者看来他无疑是身不由己。在第一章,麦格维奇为让皮普从他姐姐的橱柜里偷取食物而威胁他,皮普随后详细表达了对此事的罪恶感,而读者的感觉是相反的:被一个令人胆颤的逃犯威胁时,一个九岁的孩子当然不应该受到指责。这并不是说皮普的心理不可信,而只是说这实际并没有喜剧色彩。喜剧必须信仰纯真。皮普从不相信自己的纯真,小说的修辞也多是促使读者相信皮普原本就不纯真——起初他也许不应受到特别的指责,但随着他日渐长大,并且已像自己期望的那样飞黄腾达,他的肆意挥霍、忘恩负义和窝窝囊囊就变成了事实。大卫·科波菲尔相反,有很多可取之处,贯穿整部小说的是道德教育的弧线——他的瑕疵是主动亲近有道德缺陷的斯梯尔弗斯那类人,并让自己无视那些缺陷。皮普的瑕疵在于他除了对大家隐瞒自己,根本就没有辨别力,一直不能确定这些人对他有什么价值,也不能确定他对这些人有什么用。一幅充满心理描写的画面再次出现,但依然没有丝毫喜剧色彩。狄更斯本能地知道这一点——尽管皮普最终在道德上受到了尊敬,他也不能一直满足或幸福。在初稿的结尾,他和艾丝黛拉相遇又分别;在福斯特提议下,第二稿结尾处让他们相遇并暗示不再分开,但并没有描写他们的共同生活,两者终究都不是喜剧性结局。狄更斯小说的所有主角中,皮普是唯一一个被自我仇视与羞愧弄得浑身瑕疵的人物,除了生存,找不到丝毫荣誉感。就像《艰难时世》里的路易莎一样,皮普在目睹别人的幸福后发现了家庭的美好——乔和比蒂,赫伯特和克拉拉。郝薇香小姐和麦格维奇的救赎对皮普无益,也不能解除小说中罪恶的负担。皮普的自卑感变得更加复杂,但是依然存在。狄更斯将皮普自认有罪的感觉压得太紧实,因此小说的道德争论稍显沉闷。

在现行《远大前程》的版本中,我们可以看到狄更斯最初关于篇幅的构想——更倾向于《小杜丽》而不是《双城记》。为适应《一年四季》的境况,他缩减了写作时间提高了成书的效率。但同时也留下了一些尚未深入挖掘的迷人主题和人物。《远大前程》是一部商业化作品,也获得了评论界好评,当然也不乏两三个反对者。福斯特非常喜欢这本书,现代评论家也很推崇。它完全是狄更斯式的,但是比真正的狄更斯小说要短。其简短源于篇幅受限。狄更斯年轻时的作品中，光明往往濒临着黑暗，这本书采用了与此相反的方式，它的黑暗无法否认，但又濒临着光明。安格斯·威尔逊（Angus Wilson）[①]认为这部小说是狄更斯的艺术佳作，符合了福楼拜和詹姆斯[②]为精品小说所设定的标准，因此比他别的小说更为完美（尽管不是更伟大）。这是一场有趣的争论，因为它暗示着小说的伟大在于作者成功地运用最具特色的方式最完全地描绘出自己的意象。狄更斯的写作方式完全是自然流露，无拘无束。因此"完美"远不如视野开阔和多样化更具个人特色；他最完美的小说与较不完美的小说相比，更没有特色，也更不伟大。

1861年6月写完《远大前程》之后，狄更斯似乎已经开始经历两种不同的生活，一方面他身患疾病，玩神秘消失，进行成功而多金的朗诵之旅，与此同时，他的亲朋好友开始相继离世。那年10月，负责他旅行事宜的经理去世，他姐夫也离开人间。1863年，他母亲亡故，

---

① 安格斯·威尔逊，20世纪英国小说家、文学评论家，著有《查尔斯·狄更斯的世界》。
② 此处或指美国19世纪小说家亨利·詹姆斯。

享年七十四岁。紧接着他儿子沃尔特去世（在印度），年仅二十二岁；12月，萨克雷辞世（萨克雷比狄更斯小）。次年，另一位老友离世。1866年，简·卡莱尔（Jane Carlyle）①和狄更斯的弟弟奥古斯都相继离开人间，当时奥古斯都远在芝加哥。1867年，另一位老朋友克拉克森·斯坦菲尔德（Clarkson Stanfield）②在4月去世；1868年轮到他弟弟弗雷德。1870年，画家丹尼尔·麦克利斯在春天谢世。

然而，其他朋友生命力还很旺盛——有名的是演员查尔斯·麦克雷迪，他在1861年续弦，娶了一位小他三十岁的女子。第二年，六十八岁的他和她生了一个儿子。麦克雷迪的再婚提醒我们，狄更斯过的是双重生活：一种公开，一种隐秘，这种选择更符合他的天性，而不是当时的社会要求，毕竟我们对维多利亚时期的生活有一个基本的认识。他的几个朋友，包括丹尼尔·麦克利斯和威尔基·柯林斯、乔治·艾略特和G. H.路易斯都能用不合规矩的方式公开生活，也并没有受到特别的排斥。狄更斯公开抨击了《董贝父子》以及之后的小说中的"社

---

① 简·卡莱尔，19世纪女作家，以书信留名。
② 克拉克森·斯坦菲尔德，19世纪英国著名海景画家。

会",他乐于奖赏男女主人公过着勤勉诚实和爱意融融的退隐生活,而不是荣华富贵,他拒不承认艾伦是他的情妇,也不承认同她在一起生活,这至少需要调查和解释——有人认为社会排斥会成为他的障碍。但是他追求隐秘的生活全凭一股根深蒂固的力量。

几乎没有一位传记作家能对此有恰当的解释,但是《艾伦·特南的一生》(*A Life of Ellen Ternan*)的作者克莱尔·托玛林(Claire Tomalin)猜测,早期他热烈地宣称他同特南的关系是柏拉图式的,是一种父爱,因此她是一个有德行的年轻女子,就像他的女儿一样。这种表达既为他提供了一个封面故事也进一步刺激他行为隐秘。从1858年的信件中我们得知他创造了一个于他有利的婚姻版本——凯瑟琳的无端嫉妒,他、乔治娜和特南一家的无可指摘。托玛林引用了狄更斯写给特南亲戚的一封信,信中维护他同这家人交往的纯洁,而这封信的风格和场景暗示了一种不同寻常的亲密关系。人们知道,特南夫人表演出色,人品可敬,在戏剧界为自己和女儿们赢得了名声——她的事业发展显示出表演艺术在整个19世纪的社会地位,尤其是女演员的社会地位正在改变,尽管仍会受到质疑。然而人们已不再像从前那样,想都不想就把女演员与妓女画等号，不过她们的抛头露面以及在钱的问题上很在行，使其社会地位仍然受到影响。

　　随着时光流逝，狄更斯同艾伦的关系日益密切（一方面，他出钱供艾伦的一个姐姐到意大利旅行并学习歌唱，由她妈妈陪同，留下艾伦和另一个姐姐在伦敦），他习惯了保密，事实上也有必要保密，于是两种情况像长藤绕树一样纠缠在一起。无疑，在同凯瑟琳离婚的几个月里，家庭生活暴露于光天化日之下让他感到难堪，促使他再也不允许把这类事曝光。阿克罗伊德提出，狄更斯在鞋油厂做工期间，最糟糕的状况就是不得不站在玻璃窗前贴标签，让路人隔窗观看。他会毫不迟疑地为此进行辩护，这也许是他的一种行为方式——如果要求他展示自己，他会展现作为奇才的一面，而他真正的偏好是保密的。五十多岁的时候，他个性里的各种矛盾因素几乎达到不可调和的地步。他习惯了当奇才做明星，也乐得如此。在当众朗诵的各个方面，从选取朗诵材料到演绎它的戏剧手法，他都追求前无古人的明星风范。但是，他同样强烈地渴望隐秘，因此他做了一些浪漫的安排，这些安排既需要隐秘，也可能正是因这种隐秘变得珍贵。一大家子人，孩子一个接一个，这种传统的家庭生活和婚姻业已失败。一个地下事件——就像狄更斯对同代人所说,"一个人的圈子"——可能保持了更多刺激和戏剧效果。至少,双重生活给狄更斯一生永不停息的工作提供了力量。彼时他一直在火车上,不停地旅行,从盖德山庄到惠灵顿街《一年四季》办公室楼上的单身公寓,到艾伦居住的霍顿广场,后来又到斯洛的居所,再到佩卡姆的居所。也有可能艾伦和她母亲在法国住了几年,这对狄更斯来说不是问题——反而是一种额外的乐趣,因为他爱法国,不止一次写到动身去法国的欢乐。

谁是狄更斯隐秘生活的观众呢?无疑是他自己。他一直渴求一种感觉,觉得自己高尚、年轻、慈爱,还不可或缺。狄更斯在一些朋友面前暴露了自己,他离婚后便与之决裂的也正是这些人。萨克雷说现在他看透了狄更斯。别人,像马克·莱蒙和库茨小姐,没有必要跟他较真,让他觉得他们对他有了看法;对他有看法,再把这看法反馈给他,这种方式必定让他不能忍受。他们已经了解到他的一面,而这一面他本人并不想了解,因此他与他们断绝了关系。就像后来的公众人物和知名人士一样,他的重要性和影响力导致他相信自己可以随心所欲,直到他发现在更广大的世界里,名望至少同小镇上的恶名一样对人有约束。

狄更斯和他的作品总是相互矛盾。他公开提倡美德,也诚实而正直地在世上生活,但吸引他的却是罪恶、罪犯、妓女、侦探、社会分裂、维多利亚时期贵族的地下世界、残忍、无知、疾病和死亡。他写的每一部小说都探索天真,但是他笔下天真的角色远不如恶棍、饭桶、向上爬的人、放高利贷者、骗子、假话篓、傻瓜、杀人犯、怪人及其周围的疯子更鲜活灵动。

就像先前同玛丽·霍格思及凯瑟琳相处一样,接着是同凯瑟琳和乔治娜共处,狄更斯竭力把两种矛盾的欲望(他甚至有点绝望)安排妥当,而这次则是安顿好朗诵这一公共生活和内心的隐秘生活。我们可以推测,他的秘密生活至少偶尔会让他觉得沮丧或不满,甚至痛苦悲哀;我们还可以推测,渗透进他朗诵中的一些能量来自他三缄其口的秘密生活,就像在扮演《冰冻三尺》里的理查德·华铎时,他能够用一种几乎让观众崩溃的方式来表达他不能亲自表露的情感。事实上,狄更斯可能已经感觉到,他构建生活的方式——将其分割成几个相距较远的地块,一个是家庭地点,一个是恋爱地点,一个是《一年四季》办公地点,一个是扬名地点,再加上偶尔的度假地点——将他内在的划分完美地展现出来。在每个地方他都有一个忠实的同伴——乔治娜、艾伦·特南、W. H. 威尔斯以及为了朗诵乐于协助并照顾他的乔治·多尔比（George Dolby）——但是他们不必经常打交道。既然他这样生活了十三年，这个系统多数时间一定是运转得足够顺畅，但从他的健康状况上可以看出这样的生活方式相当劳心费心（尽管一个见过他的人在1864年夏写道："我遇到了狄更斯……穿着帅气的大衣，系着扣子，显出年轻的好身材，戴一顶新款帽子，帽檐轻松地往一边翘着，手里握着拐杖。"）

一个小说家做的所有事情当中，首要的就是反复尝试让世界变得合情合理。小说家每写一部小说，都是将在他人看来混乱不堪的事物条理化。一部作品，为达到小说家的满意度，便必须有一定的准确性，总能呈现某种秩序，容易理解，还要表现一定的真理。因为小说家掌握了材料和技巧，其小说便会越来越接近他的性情，或接近他最主要的识见，于是小说合乎逻辑、有条有理的特点会反过来让作者确认自己有力量让事物变得真实。因此，对一个小说家，尤其是一个成功小说家而言，试图改变世界以符合其心目中的生活便是一种巨大的诱惑。

狄更斯总是积极踊跃地试图让世界符合他的模式。教育、慈善、著作、社会批判和激进主义，帮助朋友及其家人、写随笔论文和小说——就像他坚持让孩子们安静有序、衣着得体、举止优雅一样，所有这些都证明了他想让世界符合某种思想的意愿。当然，在19世纪50年代，狄更斯对家庭生活的不适多是源于一种长期的错觉——无论他怎样努力，妻子、孩子和房子都与他不匹配，他耗费了大量精力要改变这部分或那部分印象，却没有丝毫效果。他的同伴们不再和他争论，也不再抵制他所使用的措辞，这表明生活最终都不合他的心意，这是不同寻常的，对此我们不该吃惊，但是同样不该吃惊的是，那是一种他不能安逸度日的生活。一位小说家晚年的古怪生活就如同其晚年的古怪小说。他同主流的纽带已经松开。他的主要工作不再具有代表性，不再像年轻时那样，还要寻找出版商和读者；不过仍有些意思。可能他继续感兴趣的不是他的同辈，而是后辈，他反映同辈的世界，却凭直觉了解并预测后辈的世界。长期的交往让他的同辈确信他们熟悉他，熟悉他的工作和生活；对于那些持有不同历史观的人未必如此。在狄更斯生命的最后几年，他似乎拥有了更为自由、更为个人化的范式，不再费力去适应,而是积极追求我们这个世纪里种种基本的关系——一方面是个人与个人之间的亲密关系,另一方面结合了明星—观众类型的表演。家人、朋友、俱乐部和社团组成的中间层,曾是他三四十岁时生活的主要特色,而今大多都已寥落了。

1861年,狄更斯在两个半月的时间里去了二十多个城市做巡回朗诵。那个夏天有六场演出,他挣了五百英镑,可见这项工作盈利颇丰——与写作相比,巡回朗诵用时都很短。写作则更费时间,哪怕篇幅较短的小说刊出都要三十到三十六周,更不用说篇幅较长的了(十九个月的时间出二十期)。而狄更斯又从不吝惜做准备工作。他改写、编辑并排练每一个选本,在推出新作品之前开始感到两百场排练都微不足道。他的技巧并非全在于演技,也不只是大声朗诵。他尤其善于调整每个句子、每个陈述以及每段对话的细微差别,以便产生完美的效果。他惜字如金——在纸页上呈现得很好的字词、短语和句子,如果在表演时有一点平淡就会被改掉。他的舞台设置很简单——一张桌、一盏灯和一些装饰。就算是在最大的礼堂他也努力给人一种亲近的感觉,并且他精于营造一种恍若自己与观众单独交流的感觉，部分是通过不与观众保持疏远的距离，而且像他们一样对所读的东西做出反应。公共朗诵的原始动力是给朋友们朗诵圣诞故事，他看不出有什么理由要改变一个成功的模式。艾伦·特南和其他朋友经常出现在观众席上。随着狄更斯身体每况愈下，朋友们断定这些朗诵太费力，但他对他们的建议总是置若罔闻。1862年1月底，冬季朗诵闭幕了。

英国文学的生活现在已是异彩纷呈。乔治·艾略特继《教区生活场景》(*Scenes of Clerical Life*)和《亚当·比德》(*Adam Bede*)之后，写了《弗洛斯河上的磨坊》(*The Mill on the Floss*, 1860)和《织工马尔纳》(*Silas Marner*, 1861)。丁尼生（Tennyson）出版了《国王叙事诗》(*Idylls of the King*, 1859)。乔治·麦瑞迪斯（George Meredith）写了《理查·弗维莱尔的苦难》(*The Ordeal of Richard Feveral*, 1859)。威尔基·柯林斯出版了《白衣女人》(*The Woman in White*, 1860)。塞缪尔·思迈尔斯（Samuel Smiles）、J. S. 穆勒（J. S. Mill）、查尔斯·达尔文（Charles Darwin）、赫伯特·斯宾塞（Herbert Spencer）和约翰·拉斯金（John Ruskin）都很活跃，在这些年纷纷出版了他们最著名的作品。在俄国，屠格涅夫的《父与

子》(*Fathers and Sons*)正在刊登,陀思妥耶夫斯基正在发表《地下室手记》(*Notes from Underground*),托尔斯泰正在写作《战争与和平》(*War and Peace*),将于1865年出版。在法国,维克多·雨果正在发表《悲惨世界》(*Les Miserables*),福楼拜正在发表《萨朗波》(*Salammbô*)。狄更斯比多数作家年长不了多少(比穆勒和达尔文年轻),但他既是他们的文坛前辈,也是他们的同代人。英国小说溯回到司各特的长线直接通过狄更斯穿了过来。俄国文艺理论家巴赫金(M. M. Bakhtin)在《史诗与小说》("Epic and Novel")一文中指出,所有文学体裁中,只有小说不是出现在亚里士多德之前,也只有小说没有被亚里士多德的诗学所定义:"小说不只是其他体裁中的一种。在所有已经成熟和部分已经消亡的体裁中,小说是唯一发展中的体裁,是唯一诞生在世界历史新时代并在其中汲取营养的体裁,因此它与那个时代密切相关。"当然,一种文学体裁不是自行发展的。它的发展是因为其实践者有思想也有天分,足以扩大这种形式以囊括新现象,或者涵盖从前描述过但并不成功的一些旧现象。以简·奥斯丁为例,经常可以看出仆从阶层、殖民地的种植园和海军的建立维持了她笔下人物的生活,但她从未间接提及或在小说中直接进行描写。原因无疑是思维习惯，艺术形式的考虑和惯用手法的交织所致，但根本事实是奥斯丁认为没有必要去进一步展开。狄更斯比奥斯丁要小十来岁，母亲祖上从事服务业，这种家庭在奥斯丁的任何著作中都没有出现过。狄更斯找到了满足自己迫切需要的方法，来描写奥斯丁作品中不曾出现的英语世界中的人，也找到了同他们交流的途径。他性喜探索、调查和模拟，并且钟情于戏剧，他又天然擅长使用形象化的语言，并拥有达到非理性精神状态的方法，这些结合到一起便意味着他会不自觉地开拓小说的种种可能，几乎是靠单打独斗创造了19世纪60年代早期以他为中心的文学天下。但是此时，从某种意义上讲，他过时了。同代人读过他的作品之后，发现了其中的瑕疵——在结构的严密性和性格的复杂化方面存在的缺陷——并从中获益。他们的作品更精致更细腻，更个人化，较少欢愉，可以说更着重于精神世界，而不是被映射的外部世界。即使这样，他们都身处一个广阔的世界，而狄更斯已反复证明，这个世界正是小说的最佳发源地。

除了为挣钱、为表演、为获得同观众和追随者们相联系的感觉，狄更斯的公开朗诵还使小说思想进一步演变,步入一个其他小说家无法效仿的区域(当今小说家进行巡回书展,多少都会熟练地读一部分自己的作品,这在最弱的意义上,算是某种效仿)。如果一个世界包含越来越多值得交流的素材,而小说本来追求的是同这个世界进行更多的交流,那么狄更斯就在采用不断排练、不断改写、字斟句酌的方式,试图让每一个字都有价值。他的理想是让每一个字都含义清晰又透出弦外之音——即小说固有的复杂性,无论整体上还是逐行逐句,都被收纳在它的界限以内。对于狄更斯来说,"意义"既包括浩瀚的思想,也包括丰富的情感,因此,恰当的观众反应既有情感回馈,也有知识传递(他在法国和苏格兰最常看到的一种反应)。此外,作家/读者相互的主观体验还将由舞台设置的亲密感来实现,这种体验在于读者感觉自己的思想是直接同另一个独立思想,即作者的思想进行交流。小说也不能完全被表演出来——当众朗诵更倾向于小说而非倾向于不那么个人化的戏剧,作者/叙事者是当众朗诵的核心。因此,就在狄更斯同代小说家因为他出身下层,靠自身奋斗晋升上层社会而轻视他的时候,他正在检验小说写作的界限——即一个故事在传达方式上的界限。因此他的作品同电影有密切关联并非偶然,电影是一种比小说更有效地描绘现代生活的叙事方式。

1862年2月到1866年4月之间,狄更斯没有进行巡回朗诵,直到1863年11月(尽管他想到一些后来出现在小说里的构思和人名)才着手写作下一部小说《我们共同的朋友》。没有材料记录艾伦这段时间住在哪里,只有材料说明她和母亲没有参加1863年夏天她姐姐玛丽的婚礼(尽管没有证据表明她们之间不和)。狄更斯编辑《一年四季》,并且往返于英法两国。有时一次只待几天。甚至1862年夏天乔治娜重病的时候也是如此。没有学术研究揭秘特南母女俩的居住地点,多数评论家相信她们是在法国,由狄更斯养活。一些人相信这些年艾伦有过一个孩子;狄更斯的女儿凯特多年后告诉她的朋友,说他们有过一个夭折的儿子(狄更斯最有出息的儿子亨利证实了这个说法)。不管怎样,狄更斯当时情绪低落,他对福斯特倾诉过,皮普和后来《埃德温·德鲁德之谜》(*The Mystery of Edwin Drood*)中的贾斯珀都表明他正在小说中探索关于罪恶的思想。没有理由相信这些年狄更斯对于艾伦的感情不失落,对自身的处境不厌烦,对于自己不沮丧。男人或女人依据内心的欲望行事,结果只是发现,已实现的目标并非想象中的结局,而且无论怎样都必须接受,这实在太寻常不过了。狄更斯没有体会到多少心满意足或心平气和。即使他能够按照自己的喜好来安排,那些事情也不可能让他安定下来。

在完全缺乏证据的情况下,狄更斯和特南一家的关系对艾伦的生活和名声产生的影响就只有一种推测,她可能成了公认的狄更斯的情人,并且在法国怀过他的孩子。认为和不认为她的确是狄更斯的情人的人都认为她的前程会蒙上阴影——她的事业会引来流言(毕竟她也没有展现出多少表演的天分),而且她也很难拥有名正言顺又富足的婚姻生活。最适合结婚的年华正在流逝——1860年她二十岁,1870年三十岁。理智点说,她正在荒废自己的前程,根据她和狄更斯两人的传记作家的说法,他俩都明白这一点。像阿克罗伊德所说,把方方面面都考虑周详,并预见出事情的发展,束缚起一腔热情而仍然作为她生命中一个爱她的慈祥长者,狄更斯做得到吗?或者像托玛林要求的,狄更斯愿意为爱而拿各自的或他们共有的幸福来冒险吗?她母亲,颇为有名又受人尊敬,而且对这种状况心知肚明,也愿意白白承担风险吗?为什么?

1863年年末,狄更斯开始写《我们共同的朋友》。小说的酝酿期漫长,写作过程也艰难,狄更斯尤为忧虑的是他要推迟发表日期——三年前因为杂志需要连载故事,他便坐下来动笔写《远大前程》,从那时起,他便感到各种力量正在逐渐减弱。1855年动笔写《小杜丽》以来,他还没有完成过一部鸿篇巨制,平生第一次,他在要做的事面前畏缩了。在写《大卫·科波菲尔》期间,他相当快乐地告诉福斯特,进一家文具店买纸的时候,偶然听到一个女人问小说的下一期什么时候到,结果得知下一期还没有写——显然,那是仅有的一次他受到既定的发表日程的威胁。写《我们共同的朋友》的时候,他几次向福斯特抱怨不能确知要写到什么地步。思想取决于人物(例如,他想到一对男女商量着为钱结婚,结果在婚礼后发现谁都没钱)而不取决于主题(相反,关于《小杜丽》,他最初的想法即与社会问题有关,这暗含在短语"无人有错"中,那也是小说最初的标题)。仍旧让他厌倦的英国生活的一面,就是思想狭隘的英国国民性——体现在《我们共同的朋友》中的波茨纳普身上。按照他的写作习惯,曾以利·亨特(Leigh Hunt)为原型创作了哈罗德·斯基坡(Haroid Skimpole),这次也一样,波茨纳普的原型不是别人，正是约翰·福斯特，狄更斯又一次在出卖了一个朋友的同时刻画了一个人物，但他还有一个习惯，就是脱离原型，福斯特从未表明他是否意识到狄更斯的所作所为。

一旦开始，写作比往常要缓慢——他依旧努力，但是感觉不像当年那么头脑敏捷有创造力。一期印出来，只占了两页半——有一处硬伤，这似乎暗示着狄更斯正在丧失他的职业优势。总之，《我们共同的朋友》没有像其他作品那样带给他愉悦感（尽管还没有什么现成的依据来判断狄更斯对于此书的看法，因为他信件的最后几卷尚未出版）。

然而小说本身是令人愉快的。开篇两章设定了主题——第一章，赫克萨姆老头儿和女儿丽齐正在泰晤士河上忙着干老本行：从河里打捞。他们发现了一具尸体。第二章，在维尼林夫妇上流社会的饭局里，流传着一个奇怪的遗嘱。那顿饭结束，有人递给年轻的律师莫蒂默·莱特伍德一个便条。人们发现遗嘱受益人已经淹死了。流言干净利索地限定了小说的范围——最上层与最底层联系在一起，不是通过一个机构（大法官法庭），也不是通过一个系统（资本主义），而是通过更为随意而古

第六章

老的人类意愿来讲述一个动人的故事,调查一个不为人知的秘密。随着角色彼此之间发生了关联,他们心甘情愿这么做,因为对彼此都抱有一份兴趣。他们的人际关系扩展了;人们渴望攀援的关系引出想抛开的关系以及其他渴望拥有的关系,直到每个人都沾了边,直到发掘了大半个伦敦,情节本身眉目清晰且合情合理,让读者读来很愉快。小说从头至尾都是由人物和风格驱动而没有受主题影响。

如果将《我们共同的朋友》与《荒凉山庄》《小杜丽》进行比较,例如我们看到在狄更斯早期的小说中,人物的观点和行为是由所处环境来决定,这种对环境的责难在新小说中不再出现。《我们共同的朋友》中所有人物都根据他们自认为属于哪个阶层,或者根据他们愿意成为什么人来行动。即使无赖·赖德胡德(Rogue Riderhood)也有座右铭——他"靠着额头淌下的汗水谋生"。善良的人能够不受环境影响而善恶分明,其中鲍芬(Boffin)先生是一个例子。小说的很多篇幅围绕着贝拉·维尔弗(Bella Wilfer)的道德教育展开。爱她的人在她身上看到一种与生俱来的热情与完美,而她却多少有点唯利是图,娇生惯养。鲍芬先生意欲略施小计来揭穿贝拉的真实面目，而不是将她变成另一类人。起初狄更斯小心翼翼地表现贝拉对她父亲的真爱——问题不在于她是否愿意表现，而在于她要怎样表现才能自然地说明她本性善良。尤金·瑞伯恩经受了一个类似的考验——他在丽齐的藏身之处发现了她，并同她做了最后交谈，他的动机仍旧不高尚——尽管深深地迷恋她，却还不能跨越他们之间的社会鸿沟让她嫁给自己。即便在丽齐把尤金救出来，还照顾他之后，他依然犹豫不决，而且想知道自己的道德弱点是否致命或者说是否可能致命。但是婚姻（就像贝拉一样）、友谊和人际关系的感受成了他解决问题的障碍，小说以尤金达到了一种道德幻象而告终。《小杜丽》最后把克莱南和艾米纳入了"通常的喧闹声"，《我们共同的朋友》的结尾则不同，主要人物都为自己营造了一个小小的朋友圈（和财富圈），逃离了以蒂平斯夫人（Lady Tippins）为代表的狭隘，以斯尼格斯沃斯勋爵（Lord Snigsworth）为代表的势利，以波茨纳普为代表的盲目浮夸，以海德斯东、魏格（Wegg）和赖德胡德为代表的激情、贪婪和罪恶。简而言之，狄更斯回到了人间的喜剧意象，在这个意象里，选择和手段决定命运，联系是可能发生的，个人能够（也确实要求）理解他们的真实境况并据此行事。

再同《大卫·科波菲尔》之后的每一部小说进行比较,可以看出狄更斯探索了人物的婚姻关系,发展了家庭人际关系的意象。举办婚礼不是故事的结尾。贝拉结婚之后继续接受考验。丈夫考验她是否贪财、是否可靠、是否乐于管家,还考验她同母亲和姐姐的关系。这些篇章不仅让贝拉赢得财富,还证明她的正直诚实,也允许狄更斯详细描述自己对于美满婚姻的设想,之前他从未尝试过。这一理想婚姻的基础是带有感恩的浪漫爱情,它的目标是某种坚实的"蒸蒸日上的东西",它不是在亲戚中实现,而是在志同道合的朋友们当中实现。尤金和丽齐的婚姻反映了同样的理想,有一点除外,即不是像约翰和贝拉一样,男人教导女人并给予女人力量,而是女人对男人进行启蒙并给予男人力量。此处重要的是,与皮普和西德尼·卡顿相比,《我们共同的朋友》中改良的人物都得以解脱;他们的罪恶感和羞耻感没有阻止他们发展亲密关系。另外,这种解脱就出现在此生,而非来世。

狄更斯从对英国社会的整体批判中收笔,人物便得以在他继续批为腐败的社会结构中宣告自由。他说,腐败是生活的事实,但不能决定个人的道德方向。普通男女(不只是作为例外出现的艾米·杜丽这类人)都知道对错。特威姻娄、莱特伍德、珍妮·雷恩、瑞亚、拉姆尔太太和乔治娅娜·波茨纳普都必须具备某种道德立场来对抗各种压力,他们都做到了,因此一个思想端正的群体便形成于一个更大的傻瓜恶棍的群体之中。

狄更斯在《荒凉山庄》《小杜丽》乃至《远大前程》中曾着意于一些重要的题旨和主题,而在《我们共同的朋友》中,他似乎无意如此,结果,评论家们便不再像对待他早期作品那样严肃地对待他最后这部完整的小说。而实际上,《我们共同的朋友》的写作风格和人物描写,表明狄更斯的政治观和社会观已经成功而优雅地融入到他的语言运用当中。这部长达八百二十页的小说,的确是英语中具有完美风格的经久不衰的伟大样本之一。贴切的用语遍布每一页,从嘲讽的("波茨纳普先生脑海里称为'年轻人'的某种机构,可以说已经在他女儿波茨纳普小姐身上有了实体")到滑稽的("'谁啊?'威尔佛太太用她那议会法案体说到'进来!'")到激烈的("紧接着,令人颤栗的咔嚓一声响,映出一个扭曲的夜晚,闪电蜿蜒曲折横跨天空,星星和月亮蓦地显现在夜空中")到抒情的("太阳升起,晨光洒满伦敦,它灿烂辉煌,公正无私,甚至屈尊照耀在要进早餐的阿尔弗雷德·拉姆尔先生的胡子上,让它发出五彩的光芒")。风格的优雅与人物刻画的细腻复杂相吻合。狄更斯典型的华丽重复,在他早期的小说中有时有效(甘普太太、弗罗拉·芬沁、托克斯小姐、约西亚·庞得贝,经理人卡克),有时无效(埃丝特·萨默森、韦德小姐、法国人里高),在《我们共同的朋友》里,这种特色已经让位给一些更为精致的东西。考虑到这部小说几乎所有人物都有转变的可能,狄更斯改变了对于人性的认识——他重温了一些旧有的人物类型,并用新的眼光加以审视:牧师弗兰克·米尔威(Frank Milvey)是被原谅的查德班,尤金是被原谅的詹姆斯·哈特豪斯。律师莱特伍德是被原谅的塔金豪(Tulkinghorn)。吝啬鬼鲍芬是被原谅的斯克鲁奇。弗莱志柏(Fledgeby)是沦落的拉尔夫·尼克尔贝,遭人殴打,在生意中屡受打击。拉姆尔的性格有点像默德斯通,但他用荆条抽打弗莱志柏的时候,读者必须知道他是有用意的。贝拉很像朵拉。丽齐是积极主动而充满活力的阿格尼丝。我不想列举太多相似之处,不想强调《我们共同的朋友》中狄更斯的喜剧想象部分是追溯性的——小说的伟大来自对世界的重新认识,这世界将意识与潜意识、个人与群体较成功地结合起来,同时也整合了小说的各个部分——情节、人物、风格、场景和主题。

之前我已经指出,小说的形式蕴涵几个内在的哲学思想——个人值得探究;个人对群体的关系总会让人烦恼,但是他(或她)只是作为一个群体的部分而存在;现实总是主观性的体验;世界如此庞杂,也许只能用散文来描写;故事可以按顺序讲述然后让人理解。一部伟大的小说可以违背这些内在的哲学思想,但是一部完美的小说肯定要与这些思想共同起作用,一部完美小说实现形式的含义,同时用看似新颖而准确的语言,来传达作者独特的见识。在我看来,《我们共同的朋友》是狄更斯的一部完美小说,每一行都无可指摘,真实而讨人喜欢。

即便如此,这部小说没有获得巨大成功。狄更斯的新作——时隔两年半的新作——第一期卖得非常好,但之后销量渐减,最后一期只卖了一万九千册。狄更斯总共挣了七千英镑(大致相当于二十五万美元),但查普曼-霍尔公司赔了钱。评论家们要么喜欢要么厌恶——二十二岁的亨利·詹姆斯便是厌恶者之一,他在《民族》杂志上严厉批评了这部小说。现代评论家也意见不一,无疑是由于这部小说不同于他们疯狂推崇的《荒凉山庄》《小杜丽》和《远大前程》。当今这个时代还未能普遍接受这部喜剧小说或者说它看待生活的喜剧视角,并且更倾向于认为莎士比亚的喜剧不如他的悲剧有价值。狄更斯优雅的风格和沉稳的喜剧想象,使一部喜剧小说不至情感泛滥,同时也避免让它的反讽笔调陷入玩世不恭。一些评论家已经认可了这部小说的成就,而另一些评论家只是寻找已不存在的东西——狄更斯先前对英国社会进行的整体批判。

1865年6月9日,狄更斯同特南母女俩从法国返回,当时他们乘坐的火车在穿过肯特郡斯泰普赫斯特(Staplehurst)附近的一座桥时脱了轨。轨道工没能事先贴出告示,好让火车及时停下,七节头等车厢翻落到桥下的河里。狄更斯乘坐的那节车厢悬在桥上,被与后面的行李车厢连接的车钩挂住了。狄更斯和特南母女俩被甩进车厢下方的角落里。狄更斯设法爬出窗户,然后找到一把钥匙把母女俩救了出来。此刻他发现桥下一片混乱。他拿起白兰地瓶和高帽,走在死伤者当中;用帽子从河里舀满水,四处走动,到他能够抵达的地方进行救助。一些人在救助过程中死去，另一些他抢救的人，在他返回时发现已经停止了呼吸。狄更斯此时状况也不很好，但是他给朋友写信说："我有一种——不知道该怎么说——与生俱来的（我猜是）沉着冷静，当时一点也不慌乱。"他成功鼓励一位年轻人自己从车厢残骸下脱了身，还向一个痛失新婚妻子的男人施以援手。像往常一样，他没有袖手旁观，也没有在惨状前畏缩。在救援火车开车前，他爬进悬垂的车厢，找到了手稿。

尽管在事故发生过程中他处处表现得平静，甚至有些英勇，一两天之内他还是患了我们称为"创伤后应激障碍"的病——信件中他没怎么提及，但是曾对一位朋友说，想起这件事会让他"心惊"。尽管他仍然坐火车旅行，乘双轮双座马车去见艾伦，去做事，去朗诵，但他的孩子们后来回忆说，坐在火车上，任何时候的急刹车都会让他受惊，他还讨厌出租马车或四轮马车跑得飞快。他没有宣扬自己就在出事的火车上，也没有张扬自己的英雄行为。因为知道同行者的身份会被公开，他利用对铁路公司的影响力，避免了在事故调查时露面。然而，他仍然对自己营救过的一个人保持兴趣，与之书信来往了几年。

可能艾伦在事故中受了伤，因为之后有一段时间，

第六章

狄更斯在信件中提到她时称她为"病号"，在往后的生活中，据说她左上臂有一处旧伤。像通常一样，狄更斯继续忙正事——写小说，编杂志，出版《一年四季》。9月，小说止笔，他去法国办了些事，沿着发生事故的路线返回，可能是有意要试着克服没有消失且不断增长的焦虑。他的健康状况也没有好转。在法国，他"中暑"了，实际上可能是中风；尽管他一只脚肿起来，很痛苦，但是仍然需去长途散步。

秋天，狄更斯租了几间房。一间在海德公园附近，给他自己和女儿玛米租的。另外两间在斯劳（Slough）的村庄，他取名为"特灵汉姆"（Tringham），一间自住，一间给艾伦母女俩。至于狄更斯那年秋天的社会生活，同辈人之间的来往信件里说他们多少引起了一些遭人蔑视的流言蜚语——有一些关于狄更斯女儿们的传言，毕竟她们不仅同狄更斯有关，还和凯蒂丈夫的哥哥威尔基·柯林斯有关，他公然同妇住在一起。显然，狄更斯对艾伦的住所和他们之间的确切关系保密成功，但仍未能禁止社会和他的宿敌进行猜测、予以谴责。

1866年，狄更斯启动了另一次巡回朗诵，这次举办了三十场，每场五十英镑，他雇用了一位新的经理人乔治·多尔比(George Dolby),乔治后来成了他的好友、同盟,也是他信任的商业助手。狄更斯一如既往辛苦地排练,在朋友们面前进行了试读。这让朋友们再一次感到惊奇——尽管身体有病,事故之后情绪紧张,还过着双重生活,但他比之前的状态要好很多。1866年3月他开始巡回朗诵,6月结束。这一系列朗诵挣了五千英镑,而狄更斯只拿了他的一千五百英镑——他证实了系列朗诵会很赚钱的说法,推出这一系列巡回表演的公司急着要再做一次。但是巡回的成功没能弥补一个事实:那年夏天狄更斯的身体比从前更差了,疼痛与焦虑共同困扰着他。同年,凯特也病了。1867年1月,他又开始了一次为时更长的巡回朗诵,还去了爱尔兰。旅行很快让他筋疲力尽,但朗诵这件事和观众的热情似乎给了他足以撑下去的能量。举办这些朗诵的自相矛盾之处就是"羊毛出在羊身上",福斯特说过,净成本已经超出狄更斯的承受力,但没有一点关于艾伦生活状况的详细消息,便不可能找出狄更斯生病的真正原因。从他曾经对婚姻不幸、对凯瑟琳的疾病缠身和情绪低落如此敏感这些事上,我们可以推测他与艾伦时好时坏的关系影响了他。没有材料证明他能够克制自己的情绪,能够对他所爱的人们保持冷静。如克莱尔·托玛林所断言,如果曾有过一个或者两个夭折的孩子,如果真如艾伦后来对她的牧师卡农·本汉姆(Canon Benham)所说,她开始后悔,不喜欢在狄更斯的有生之年再和他保持这种亲密关系,那么两人一定有过情感波折,但是写给她的信和她的回信都没有保留下来。狄更斯所进行的朗诵已经不仅仅是普遍意义上的成功,而是绝对清晰可见的个人交流的成功。观众的崇拜和挣来的钱,还有自己排除困难坚持一份专业工作的成就感,帮助他渡过了身心疲惫的难关,摆脱了越来越多的死亡征兆。

接下来的诱惑是要去美国,1867年5月的巡回朗诵一结束,狄更斯就开始考虑这件事。他决定派乔治·多尔比到美国考察此事的可能性。8月多尔比离开英国,已经拄着拐杖的狄更斯亲自送他上了船。美国之行的另一个诱惑是,艾伦可能会和他同去(他曾在美国被迫放弃彻底的隐私,很难相信经过上次的美国之行,他确保这次现实可行)。无疑,欲望支配了这次不切实际的想法。9月底多尔比回国,告诉狄更斯那里肯定有大笔的钱可以挣,尽管狄更斯咨询了几个朋友(福斯特强烈反对这次旅行),但他还是决定要去。他必须养家糊口,而且儿子们又不能在世上闯出名堂，挣上一笔总比不挣要好。

狄更斯开始安排旅行，并且坚信艾伦会陪他一起去，历经整个秋天，直到 12 月中旬才抵达美国。他们的计划有点费解，似乎打了不少幌子。10 月末，艾伦离开英格兰去看望她在佛罗伦萨的姐姐。狄更斯的计划是要到美国考察（首次朗诵前他有两周的时间）。如果艾伦一同前行，她得返回英格兰，12 月 11 日从利物浦乘船。W. H. 威尔斯会转交给艾伦一封电报，告诉她准备事宜。但是看起来不可能了——频繁露面和工作计划让狄更斯再次感到心烦。艾伦正和她姐姐，即安东尼·特罗洛普（Anthony Trollope）的嫂子待在一起，没有明显的要离开的打算。可能她不同意他将要开始的计划。不管怎样，艾伦留在了意大利，狄更斯只身出游美国；他从美国寄给威尔斯的便笺（其中许多便笺含有给艾伦的信，现已失落或被毁）表明他渴望她去。她的回应则没有记载。

狄更斯的第二次美国之行没有第一次那么惨——没有美国人冒犯他，他也没有还击。首先，他的公开朗诵大获成功。首场始于波士顿。他基本上每天都朗诵，在波士顿和巴尔的摩（Baltimore）之间的城市里辗转表演，向西直至锡拉丘兹（Syracuse），没有去更远的地方（环芝加哥、加拿大一带，西部之行也取消了）。但北方的冬天，雨雪交加，寒冷刺骨，狄更斯着了凉，得了流感，患上一种莫名的呼吸疾病。他不时失声。左腿和左脚都不利索，不得不拄一根手杖，有时在出场时用它撑住脚。慕名而来的观众太多，让他有些疲于应对——成千上万张票已经售出，街上不断有人盯着他看，总有人打招呼，有名望的美国人都想和他见面谈谈，包括安德鲁·约翰逊（Andrew Johnson）总统。

他有许多可供自己津津乐道的经历，尤其是和孩子们及友好的陌生人偶遇。他结交新朋友，重续旧友情。他为早年那本《游美札记》所写的跋流露出一种宽容。他评论说，美国现在肯定比19世纪40年代更稳定更进步了，并且他或许也收获了一些东西。他写道："因为个人嗜好和健康状况，我每天都必须做一些私事，人们用无比的礼遇、细致、温情、友好和体谅来接待我，无比尊重我的隐私。"

4月底回到英格兰，狄更斯的身体暂时有了好转。他先去了佩卡姆看望了艾伦母女俩，她们大约早他一天从佛罗伦萨回来。在那逗留几天后，他去了盖德山庄，他说在那儿他的医生和他打了招呼，大喊："天啊，年轻了七岁!"但是在那里并没有得到真正的休息——W. H. 威尔斯从马上跌下来,得了脑震荡,狄更斯只好接过威尔斯在《一年四季》那一部分活儿。家事纷扰不断。凯蒂的丈夫,即威尔基·柯林斯的弟弟,患了胃癌。狄更斯无情的态度使得多年的老友和他疏远了。儿子查理在走宣告破产的程序,结果欠下一千英镑之后去了杂志社工作(他娶了狄更斯的对头理查德·埃文斯的女儿,有五个孩子)。艾伦母女俩搬离了佩卡姆的房子,这一举动可能表明弗兰西斯·特南不再支持这种关系,或者这种关系已变得不冷不热(据阿克罗伊德所说)。狄更斯无法开始写另一部小说,便决定再做一次巡回,也是他的最后一次。这次他想做一百场朗诵,挣八千英镑,并且还想做件事,那就是在表演中插入《雾都孤儿》中的谋杀场面,他所有亲戚朋友后来一致认为,此举是直接导致他死亡的原因之一。

1868年的整个夏天他都在练习。据阿克罗伊德的说法,一天,他儿子查理正在房间里工作,这时听到两个人打架的声音。他跑出去,发现父亲"正迈着大步走上走下,疯狂地指指画画,用最为残忍的情形,扮演正在谋杀南希的塞克斯先生"。至于舞台效果,人人都说十分震撼,甚至令人毛骨悚然(按照一些记载,这正是狄更斯的目标)。一位男性朋友证实,他实在按捺不住要尖叫起来。还有一位医生曾警告狄更斯:一个尖叫的女人会让一群女人发狂。狄更斯咨询过一位成名的女演员,据她说,至少五十年间,她从未有过这种舞台体验。但是我们非常认同这样的朗诵,以及做这件事的动机——无疑,狄更斯表演的塞克斯谋杀南希是所有恐怖谋杀的鼻祖,我们经常在电影里或舞台上看到肢解、爆炸和没来由的残暴行为。观众不能忍受,作者/读者/演员/经理不能忍受。狄更斯又一次成为第一人,或者近乎第一人尝试了某种事物,时隔一百三十年或更久,这事物几乎成了定式,至今人们还在用当时的人们所用的字眼来讨论——有必要吗?健康吗?过分吗?够了吗?是真的吗?如果是真的,对大众消费而言,不是仍旧不安全吗?

11月,他在朋友中试演。大多数人都吓坏了。1869年1月,他登台表演。演出获得了巨大成功,成为他最得意的表演。即便身边每个人都有意见,他也总是做一些荒诞不经的事。这次也不例外,尽管身边每个人都持有保留意见,他仍旧一星期表演几次。他要把自由宣扬到底。巡演进行过程中,乔治·多尔比在爱丁堡提出了反对意见。狄更斯生气地反问:"说够了吗?"多尔比回答道:"对那件事的感受我说完了。"狄更斯从椅子上跳起身,把刀叉"砸"在盘子上。争执到最后,狄更斯痛哭失声。但他没有停止朗诵塞克斯和南希的片段。随着朗诵继续进行,情况越来越糟——他头晕摔倒,伤了自己;他精神恍惚,疲惫不堪,左腿和左脚走路不便;他时不时地陷入昏迷状态。他的医生和另一位大夫都建议他不要再读了,最后,在工作计划到期之前,狄更斯回到盖德山庄,试图休息。

阿克罗伊德暗示狄更斯同特南的关系有了变化,如果他说得对,这一改变到此也已有一年时间。1869年夏,狄更斯开始考虑一部新小说,主题比《我们共同的朋友》更为阴暗,涉及的不只是一个男人约翰·贾斯珀,他过着一种双重的生活(受人尊敬的教区总教堂的风琴师,私底下却是个瘾君子),还涉及一对订了婚的男女埃德温·德鲁德(Edwin Drood)和罗莎·巴德(Rosa Bud),他们商定解除婚约。从这两人都放弃婚约的迹象隐约可见狄更斯与特南在一起这十三年的轮廓,从狄更斯在最后四部作品中探索的主题也可以推断出一些。《双城记》中露西·马内特身量似乎很像艾伦,但她仍是狄更斯理想的女性人物之一,在小说中的作用主要是支持、安慰并鼓励她周围的男人——父亲、丈夫和西德尼·卡顿。实际上,她没有属于自己的鲜明个性,甚至比埃丝特·萨默森或艾米·杜丽更没个性。狄更斯离婚期间的所有信件都表明,他急切地希望人们把艾伦看作露西那样的人,而他同她的理想关系,就像他在《冰冻三尺》中扮演的角色表现出来的那样,也像所写的西德尼·卡顿那样,是一个高贵而有自我牺牲精神的人。至少最初特南夫人和她两个大女儿是这样想的:狄更斯是这家人的导师、赞助者和保护人,他对艾伦的好感显而易见,不过,是一种慈爱。

《远大前程》中,皮普和郝薇香小姐曾经讨论过爱情中的"绝对的自卑"以及不可抗拒的吸引力,这种情形下,爱人者感觉的各个场景与存在的每一层面都会充满被爱者的影子(对狄更斯来说,这是新鲜的爱情描写用语,之前他笔下的爱一直表现为一种投入而主动的陪伴),这时我们不必非得认为艾丝黛拉就是艾伦,以便推断狄更斯的热情就是寻求一种向艾伦示爱的新形式,结果使得她前往法国,可能还生了一个孩子。紧随其后的是一段舒心的家庭生活,这反映在《我们共同的朋友》

中的亲和与宽厚的精神里,并不要求情节上有多大的跳跃。在这部小说正文的末尾,一群人决定返回英格兰,与此同时,艾伦的姐姐范妮嫁入特罗洛普家族。写于 1867 年的几封信表明狄更斯和范妮的关系很糟,他动身去美国之前,已对艾伦的社会地位感到难为情。关系的恶化可能源于范妮在新的社会环境中对清白和受人尊敬的渴望。狄更斯在美国期间,艾伦住在佛罗伦萨的特罗洛普家中。尽管狄更斯希望艾伦去找他,但也没证据表明她曾有去找他的打算。他 4 月回国的时候,艾伦不过先他一两天才到,也就是说她和姐姐一起待了半年,这段时间足够她的家人和范妮的婆家人对她进行劝解:二十八岁的年纪,地下生活对她有害无益。从佛罗伦萨回国后不久,艾伦便和妈妈搬离了佩卡姆。尽管她还是常常见到狄更斯,但他的悲伤、她后来对牧师的说辞,以及《埃德温·德鲁德之谜》中分手情人的主题,都暗示他们在试图维持一段友谊。也可能是艾伦对狄更斯渐衰身体的关心和对他的爱意的感激,没有让他们彻底决裂。

每位小说家都明白小说就是一种艺术手段,编故事给小说家提供了尝试各种情绪、思想、形象、关系、原因和结果的机会。一位小说家可能把雷·亨特写进故事里,但不会取他的真实生活和处境来如实描写——这些内容会和小说的其他部分不协调。游戏的目的从一部小说到另一部小说,从一个小说家到另一个小说家都不断在改变,但总是让混乱无序变得合情合理。我们不必为了看清狄更斯如何看待艾伦在他生命中的角色转变,把艾伦想成是露西、艾丝黛拉、贝拉和罗莎。事实是,在狄更斯的最后一部小说里,他对女人的认识更深入也更复杂。这肯定是由于和他交往的女人不止是艾伦,还有她妈妈、她姐姐,以及他正在长大的女儿。

1869年暮春和整个夏天,他的美国朋友詹姆斯和安妮·菲尔兹到英格兰游玩。狄更斯使出浑身解数让他们在伦敦玩得开心:在旅馆歇脚,在盖德山庄备好房间并为他们安排好野餐和远足。菲尔兹太太感情细腻,爱写日记,也是一位机敏的观察者。她注意到他亲切迷人,还发现他在诙谐打趣的时候会有瞬间的消沉——"他是个悲伤的人,"她写道。在盖德山庄附近的火车站告别时,她写道,他们在站台行将分手的时刻,"他强颜欢笑,让我们看些别的东西,想些无关的事,直到火车鸣笛。我们要上车了,一群人围拢过来要见他,但他视若无睹,我们满眼泪水,他的脸涨得通红……"这是永恒的狄更斯，欢快而善良，感觉敏锐，拥有天然的优雅品质。也是在 7 月，他评论福斯特为沃尔特·萨维奇·兰多（Walter Savage Landor，《荒凉山庄》中博伊索恩的原型）所作的传记："几乎每个伟大天才的一生，对他本人而言，都是一本悲伤的书……"悲伤，甚至绝望，总是与欢笑、机智和欣赏荒谬手挽手同狄更斯在一起。

10 月，狄更斯开始着手写《埃德温·德鲁德之谜》。他抱怨这次写作，实际上最初两期在最后时刻都还得改写或者重来，因为每期六页太短了，但是扩充的文本表明也没什么改动。过程也许艰辛，但结果似乎还是如他所愿，他也很满意。计划不再是发行十九期持续二十个月——狄更斯和出版商觉得这么长时间连载的时代已经过去了（可能吸取了《我们共同的朋友》最后几期销量很低的教训）——而是分为十二个月或者在更短的时间内发表一个更紧凑的故事。合同也考虑到作者死亡的可能。狄更斯最后一部未完成小说的第一期，直到动笔半年之后才刊登。狄更斯再也不能像写《远大前程》那样，坐下来恣意发挥了。

受"排斥的吸引力"（狄更斯语）的影响，狄更斯总是迷恋谋杀以及有关谋杀的故事。此时，谋杀悬疑小说已经变得名正言顺,部分是由于他的朋友威尔基·柯林斯的作品,狄更斯最后这部小说便计划走这条路线。《埃德温·德鲁德之谜》的笔调比《我们共同的朋友》更为阴暗,故事的讲述也较少张力,更多以情节而不是以人物为基础。他没有大肆渲染人物的个性,情节的推进也相当快,中间的停顿详写了场景和气氛而不是动机。修道院有一种刻意营造的哥特式感觉——狄更斯总是提到地窖和墓地里的死人。小说中角色之一是石匠,雕刻墓碑,还搜索教堂里的各种密室。即便如此,《埃德温·德鲁德之谜》也不是传统的哥特风格,并不惊悚。一方面死亡的意象同年轻、活力和朝气蓬勃的意象形成对比。另一方面,险恶的不是安眠的死者,而是活着的心怀不满的约翰·贾斯珀。各种疾病缠身的狄更斯必定意识到死亡将近,将死亡描写为一种弥漫四周的寂静与冰冷,一种宛若严冬的寒意,不明亮但也不骇人。真正的恐惧留给了贾斯珀的攻击行为——他对罗莎说:"我不请求你爱我,把你自己和你的憎恨交给我,把你自己连同那怒火一起给我;把你自己和那迷人的谴责给我;对我来说就足够了。"危险不是鬼魂会走路,而是一个失控的人会强奸。

　　罗莎逃到她的保护人那里,几乎马上就被三男两女包围了。看起来,如果狄更斯没有死,他此刻会浓墨重彩地描写贾斯珀的诱骗。

批评家们称扬《埃德温·德鲁德之谜》这种克制冷静的风格,他们也为此推崇《远大前程》,小说很狄更斯,却不是完全的狄更斯式。显然,从贾斯珀的诡计可以看出他就是杀人犯,罗莎和读者一样怀疑他。唯一的推理与埃德温的尸体有关。罗莎的保护人都身强体壮,足智多谋。很难看出狄更斯要怎样才能合乎情理地将她送入虎口。狄更斯熟用的情节主线——比如,一个年轻人的道德教育——在内维尔·兰德里斯(Neville Landless)身上可以看到,但到故事前半段结束,内维尔依然是一个小角色。克利斯帕克(Crisparkle)先生的醒悟和慈善家霍尼桑德(Honeythunder)应得的报应,以及自负的镇长塞普西(Sapsea)的曝光,也是狄更斯一贯行之有效的主题,但此时在《埃德温·德鲁德之谜》当中都还没有被很好地展开。没有精心安排,没有机会反复思考反复修改以便紧绕线索并支撑难以置信的事件,情节沉闷的小说本身就很难驾驭。尽管我推崇《埃德温·德鲁德之谜》的大部分写作,但是依然认为谋杀悬疑类的情节不适合连载,一位小说家即使具备狄更斯的创造力和天分,也会受规划中的后续故事的短缺所制约,被他要构建高潮和结局这一事实所牵制,情节的早期发展可能已经固定下来了。

尽管《埃德温·德鲁德之谜》是狄更斯的一部小作品,但它有助于说明他在生命进入尾声时的思想状态,尤其有助于说明他一生都在关注的事。其中最基本的当然是爱情。在激情方面贾斯珀就像皮普和布莱德利·海德斯东,但他更为肆无忌惮。在《远大前程》和《我们共同的朋友》中,可爱的女人仍然是遥远而神圣的客观存在。尤金有点像贾斯珀——他追求丽齐,但他自身的倦怠,他的意识和欲望把他带上了一条绝路。他自问是否该娶丽齐,却从未问过自己是否应该把自己的意愿强加给她——狄更斯不允许这想法上升到意识层面。另一方面,贾斯珀的欲望是具有侵犯性的。在开始的六部分里,没有有利于爱情的思想——埃德温对罗莎的爱是妥协的,并不令人满意,克利斯帕克先生只是外表近乎纯良,内维尔对罗莎的痴爱也有些侵犯性。

试试把贾斯珀同狄更斯自己精神的一些元素联系起来。他是在激情驱使下过着双重生活的、成就斐然的艺术家,更像是狄更斯的一部分而不是奎尔普或卡克或其他恶棍。再尝试把埃德温看作另一个版本的狄更斯自传式的年轻人之一，从贫瘠的童年到悲哀的成年，在痛苦的道路上成熟。狄更斯和艾伦的关系似乎在1868年春就已经从亲密关系变成了普通朋友。或许这反映在埃德温—罗莎的情节当中。接着有一位物质文化主义者克利斯帕克，天真仁慈，也不像他的创造者。似乎狄更斯又一次在问自己，男人到底什么样？并且向内观察以将矛盾的冲突化作故事人物。狄更斯对艾伦的好感和热情，一直延续到他生命结束以满足他的想象，这显然是真的。临终前他依然要解决的问题是：男人什么样？女人什么样？以及，他们恰当的关系可能是什么样？

狄更斯的作品经常被视为一个整体——他的写作从始至终都在做一些特定的事，或采用某种技巧。他是狄更斯式的。而实际上，狄更斯的小说、故事、剧本和信件都表明他的思想和世界观富有生机，而非静止不动。他一再重返某些事物——比如天真的姑娘或青涩的年轻人，粗鲁的慈善家或凶悍的妻子，喜剧性结合或悲剧性分离的大想法——但每一次回归都有新鲜的体验和崭新的思想。他的小说为不相匹配的两难境地提供了不同的解决方法，而他对困境的分析也越来越复杂，越来越精细。《我们共同的朋友》的处理之道是充满耐心,学会原谅,以及相互交流。不幸的是,《埃德温·德鲁德之谜》中的解决方法我们永远不可得知了。狄更斯没有"人为制造"一个从孩提时便伴随他的静止的世界观。他与他那个世界的积极交往给了他一个永远在发展的世界观,这世界观渐隐在他丰富又独特的写作风格中,并被它改变。

到1869年冬天,狄更斯确实是病了。圣诞节那天,直到傍晚他才从房间下来,左腿和左脚肿得厉害,让他感到一阵阵疼痛。左手肿了,左眼也开始看不清楚。尽管如此,1870年元旦过后,他仍然热情洋溢地在伦敦做了最后一系列辞旧朗诵。1月11日进行了首场朗诵,表演日趋困难,导致血压上升,最后脉搏达到每分钟一百二十四次。3月9日,他受到维多利亚女王的召见。他们谈了一些俗事。当然,要求狄更斯一直站着,这太难受了。3月15日,他做了最后一次朗诵。入场时大批观众欢呼起来。他优美地朗诵,毫不费力(或许看起来是这样),观众欢呼鼓掌,到最后他啜泣起来。对于狄更斯和他的观众而言,这场朗诵,从始至终都十分成功。

直到生命的尽头,狄更斯都尽可能积极活跃地生活。

他看望艾伦，出去吃饭，零零碎碎地把新小说读给朋友们听，规划在盖德山庄做些修缮，继续保持神秘，写作并导演了一部业余剧本，到《一年四季》办公室上班。虚弱的狄更斯支撑着自己做了一系列让更健康更年轻的人做都会垮掉的事。这也让他筋疲力尽，他遇到的每个人都注意到了，但是勤勉不休的习惯不容破坏。

对于狄更斯的去世，有两种说法。多数传记作家经常提到标准版本：6月6日，星期一傍晚，他在盖德山庄写作一天之后，同两个女儿和乔治娜在一起。他和凯蒂熬夜讨论她的职业规划。周二早晨，他像往常一样早早起来写作。后来感觉不错，还和乔治娜一起散步。周三他一早起来径直去写作。凯蒂和玛米已经回到伦敦。工作了一天之后，晚饭时对乔治娜唠叨说觉得难受。她还没反应过来，狄更斯就开始说胡话，等她到他身边时，他让乔治娜把他放到地上。然后开始神志不清。乔治娜发电报去叫他的医生和女儿还有艾伦。之后狄更斯被放在沙发上，再也没有清醒过来。次日，即6月9日，他去世了。

第二个说法附在托玛林为艾伦写的传记后，说狄更斯在周三正午时分离开盖德山庄去找在佩卡姆的艾伦，她有时会在那儿见他。他在那儿倒下,把遗言留给了艾伦,而不是乔治娜。然后她找到一辆四轮马车把他送回盖德山庄,她也在车上。傍晚他们到了盖德。这两个女人把他抬到沙发上,乔治娜和艾伦相约给亲戚朋友一个更得体的说法。这种可能性只有零星的证据。一个是佩卡姆住所的管家家人的说法,说他(管家)把昏迷不醒的狄更斯抬出了住所。还有一个说法是狄更斯6月8日兑了二十二英镑支票(约相当于现在七百美元),死时衣兜里只有六点六英镑。这钱他没有给乔治娜,因为她不久就向狄更斯的律师要房屋保管费。托玛林暗示,他把钱带到佩卡姆作为艾伦的日常家用,并在那儿给了她。

不管怎样,狄更斯死了,他的死让周围的人感到震惊。福斯特说:"生命在,责任就在,但对我来说,人生的乐趣永远不在了。"6月14日,狄更斯被安葬于西敏寺。

后 记

无论用什么标准来衡量,查尔斯·狄更斯都是一个奇才。他作为小说家的名望自他离世以来有增无减,作为典型的"伟大的小说家",他的作品既受欢迎也很重要。但除此之外,他还做过编辑,是倡导民主的牛虻式人物,是善谈资本主义和现代性的理论家,是大众利益的实践者和倡导者,还保护被忽略的阶层和古怪偏执的个人——作为一名多产而卓有贡献的公民,这些公共生活让他在小说家中独一无二。更重要的是,他习惯预想20世纪的生活,这一怪习让我们对他异常感兴趣。成名带来的后果——他公开离了婚,秘密地生活,而且有责任在举世瞩目下体验自己的精神生活,直到终老——足够引人入胜。但更有吸引力的是他愿意做另外一些事,比如给他的朋友德拉茹夫人催眠并"治愈了"她的精神痛苦,或者将塞克斯和南希小说的片段搬上舞台,只为表演最震撼的节目。狄更斯的作品和生活都在说明同一件事——直观地理解广阔的资本主义城市生活的多种可能性。差不多现代生活的各个方面,他的作品都探索并涉及了(公共卫生、群众教育、日益增多的诉讼和阶级地位的流动性带来的社会紧张、废物处理、高速运输、传统邻里关系的混乱、离婚、宗教的联合和经济剥削、政府的无能与腐败、家庭关系和社会关系的商品化,甚至还有吸毒和殖民主义)。究其一生他都用同样的方式诠释着名望、社会的多变和思想行动的自由,一般认为这更符合我们这个时代的特征而非他那个时代。对于已确立的资本主义的自然环境和矿物开采,他的预见与托克维尔(Alexis de Tocqueville)对于美国自然环境的预见相同。其他哲学家、小说家和政治理论家来过又走了,但狄更斯还和我们在一起,他一直提醒着我们,个人和群体同时存在,绝不要融入对方,也绝不要彼此分离。

有些小说家写了一部又一部小说,只是在同一片田野上耕耘。还有一些在描绘这个世界。没有一位小说家像查尔斯·狄更斯一样,恰是在内心与外在世界交会的边缘,描绘了这么广博的天地。他不仅孜孜不倦地描写精神状态、情绪、符号、观念,以及理性与非理性的生活，而且描写了伦敦、肯特、曼彻斯特和美国、意大利、法国，还有苏格兰、苏塞克斯（Sussex）、埃塞克斯（Essex）和诺福克（Norfolk）。在所有小说家里面，在把小说虚幻的希望——用清新愉快的方式，讲述所有存在的事物，了解每一个人——变成现实这件事上，狄更斯做得最好。

延伸阅读

感兴趣的读者可以持续用几年功,仔细阅读狄更斯的全部著作。《牛津插图版狄更斯》(*The Oxford Illustrated Dickens*)有二十卷,包括他所有小说、圣诞短篇和故事,还有《汉弗莱老爷之钟》《儿童英国史》(*A Child's History of England*)《游美札记》《意大利风景》和一些期刊文选。许多出版商将狄更斯的大部分乃至全部小说成套出版。克拉伦登(Clarendon)出版社已经出版了皮尔格里姆(Pilgrim)版《查尔斯·狄更斯书信集》(*The Letters of Charles Dickens*)。第十一卷(1865—1867)出版于 2000 年 2 月。这些书价格不菲,每卷一百四十英镑以上,且不易买到,是个不成功的出版选择!还有由牛津大学出版社出版的 1999 年版《牛津狄更斯读者之友》(*Oxford Reader's Companion to Dickens*),该书由保罗·施利克(Paul Schliche)主编,是件无价之宝,其中附带了许多信息、图片、解说、图表等。《狄更斯》(1990)是英国小说家兼传记作家彼得·阿克罗伊德所写的传记,语言简洁,有很高的可读性,对狄更斯的社会关系问题见解尤妙。阿克罗伊德对狄更斯的态度,较之弗雷德·卡普兰(Fred Kaplan)更为友善,后者所写的《狄更斯:一部传记》(*Dickens: A Biography*)于1988年首次出版。克莱尔·托玛林的《隐形的女人:查尔斯·狄更斯和内莉·特南的故事》(*The Invisible Woman: The Story of Charles Dickens and Nelly Ternan*, 1990)大概是无可替代的作品,因为托玛林似乎已经发掘了关于艾伦·特南的所有现存材料。所有狄更斯传记之祖,约翰·福斯特的《查尔斯·狄更斯的一生》(*Life of Charles Dickens*, 1872—1874),在20世纪70年代中叶由J. M. 邓特(Dent)重新发行,但现在已经绝版。关于狄更斯作品的评论与阐释卷帙浩繁,有几本杂志专门研究狄更斯,其中包括《狄更斯季刊》(*Dickens Quarterly*)和《狄更斯爱好者》(*The Dickensian*)。关于狄更斯的学术研究似乎是一株枝干繁茂的树,主干即从他小说改编的电影和戏剧乃至关于狄更斯的小说(比如,彼得·阿克罗伊德的戏剧《神秘的狄更斯先生》(*The Mysterious Mr. Dickens*),2000年在伦敦出品,还有弗雷德里克·布施(Frederick Busch)1978年的小说《共同的朋友》)。但是初涉狄更斯的人如果不先看小说,很难深入阅读——我的建议是,选择狄更斯最有特色最易理解的作品,按照明、暗、明、暗、明的顺序——一种奇妙的对比法进行阅读,先看《大卫·科波菲尔》,接下来再看《远大前程》《董贝父子》《双城记》和《我们共同的朋友》。

企鹅人生
Penguin Lives

乔伊斯	[爱尔兰] 埃德娜·奥布赖恩 著
简·奥斯丁	[加] 卡罗尔·希尔兹 著
佛陀	[英] 凯伦·阿姆斯特朗 著
马塞尔·普鲁斯特	[美] 爱德蒙·怀特 著
伍尔夫	[英] 奈杰尔·尼科尔森 著
莫扎特	[美] 彼得·盖伊 著
安迪·沃霍尔	[美] 韦恩·克斯坦鲍姆 著
达·芬奇	[美] 舍温·努兰 著
猫王	[美] 鲍比·安·梅森 著
圣女贞德	[美] 玛丽·戈登 著
温斯顿·丘吉尔	[英] 约翰·基根 著
亚伯拉罕·林肯	[澳] 托马斯·基尼利 著
马丁·路德·金	[美] 马歇尔·弗拉迪 著
查尔斯·狄更斯	[美] 简·斯迈利 著
但丁	[美] R. W. B. 刘易斯 著
西蒙娜·韦伊	[美] 弗朗辛·杜·普莱西克斯·格雷 著
圣奥古斯丁	[美] 加里·威尔斯 著
拿破仑	[英] 保罗·约翰逊 著
朱莉娅·蔡尔德	[美] 劳拉·夏皮罗 著
弗兰克·劳埃德·赖特	[美] 阿达·路易丝·赫克斯塔布尔 著

Simplified Chinese Copyright © 2019
by SDX Joint Publishing Company.
All Rights Reserved.

本作品中文简体版权由生活・读书・新知三联书店所有。
未经许可，不得翻印。

First published in the United States under the title CHARLES DICKENS by Jane Smiley. Published by agreement with Kenneth Lipper LLC and Viking, a member of Penguin Group (USA) LLC, a Penguin Random House Company. All rights reseved.

A Lipper / Penguin Book

"企鹅"及其相关标识是企鹅图书有限公司已经注册或尚未注册商标。
未经允许，不得擅用。
封底凡无企鹅防伪标识均属未经授权之非法版本。

图书在版编目（CIP）数据

查尔斯・狄更斯／（美）简・斯迈利著；石少欣译．—北京：生活・读书・新知三联书店，2019.7
（企鹅人生）
ISBN 978-7-108-06339-7

Ⅰ．①查…　Ⅱ．①简…②石…　Ⅲ．①狄更斯（Dickens, Charles 1812—1870）-传记
Ⅳ．① K835.615.6

中国版本图书馆 CIP 数据核字（2018）第 131754 号

责任编辑	颜　筝　卫　纯
特约编辑	王怡翻　毛文婷
装帧设计	蔡立国
版式设计	薛　宇
封面版画	袁亚威
责任印制	宋　家
出版发行	生活・讀書・新知 三联书店
	北京市东城区美术馆东街 22 号
邮　　编	100010
网　　址	www.sdxjpc.com
图　　字	01-2015-0175
经　　销	新华书店
印　　刷	北京市松源印刷有限公司
版　　次	2019 年 7 月北京第 1 版
	2019 年 7 月北京第 1 次印刷
开　　本	787 毫米 × 1092 毫米 1/32
字　　数	130 千字　印张 8.5
印　　数	0,001-8,000 册
定　　价	35.00 元

印装查询：01064002715
邮购查询：01084010542